跆拳道

李震 编著

吉林文史出版社

目录

第一章　概　述

第二章　竞技跆拳道的基本技术

第一章

概　述

跆拳道（TAEKWONDO）起源于朝鲜半岛的搏击运动，是朝鲜民族在生产和生活实践中发展起来的一项运用手、脚技术和身体能力进行自身修炼和搏击格斗的传统体育项目。跆拳道在朝鲜民族史上已经有 3000 多年的历史了，深受人民的喜爱，被称为国技。

"跆拳道"这个词的字面意思就是"踢与拳法的武艺"。"跆"（TAE=跆）意思是脚踢；"拳"（KWON）意思是指用拳击打；"道"（DO）是指方法、技艺和道理；同时"道"也是一种文化，一种学问。由此可见，跆拳道是以脚为主，以手为辅，手脚并用，内练精神气质，外练搏击格斗的武道。今天的跆拳道可分为传统跆拳道和现代竞技跆拳道两大类。传统跆拳道内容主要包括品势、搏击、功力检测三个部分，传统跆拳道的品势，相当于我们中国武术中的套路，共有二十四套统一的架型；搏击格斗仍然保留着一些传统的技法，比如，拳技、擒拿、摔锁等；功力主要包括威力表演和特技两部分。现代跆拳道是随着时代的进步和竞技体育的发展而衍生的，这也就是我

们所说的竞技跆拳道。即在一定的规则限制下，互以对方技击动作为转移，以切磋技艺、增进友谊、提高竞技水平为目的的对抗性体育竞赛项目。它具有高度的攻防实战性和激烈的对抗性，吸取了传统跆拳道的精华，进一步突出了跆拳道善于用腿技的特点，使跆拳道的技击格斗性质在体育运动中得到完美体现。

跆拳道运动具有典型的东方文化色彩。它不仅是一项具备较强攻击力的运动项目，还是一种形体艺术和行之有效的强身健体的方法。跆拳道的本身还蕴含着一种深层的精神追求和理念，首要的就是以修身养性为核心，培养强烈的爱国热情和为正义而献身的崇高精神。道，是一种方法、途径、技艺、精神，更表现为一种道理、道德和礼仪，同时它也是民族精神的体现。练习者须具备勇猛善战、敢打敢拼的精神品质，坚韧不拔、拼搏向上的精神气概。学习的过程中，不仅要学习跆拳道的技击技术，更要注重对跆拳道礼仪、道德修养的学习和遵从。每一次练习都要求“以礼始、以礼终”，培养人忍耐、谦虚和坚韧不拔的精神。

跆拳道的精神对青少年有着积极的教育意义。学习跆拳道可以内修精神、性情，外修技术、身体，培养常人难以达到的意志品质和忍让谦恭的美德。因此这项内外双修、精神气质与技击技术全面发展的体育运动深受广大青少年的喜爱。至今，跆拳道已成为世界上发展最快的体育项目之一，并已成为奥运会比赛项目。

跆拳道简史

跆拳道古称为“跆跟”“花郎道”，是起源于古代朝鲜的民间武艺，在几千年朝鲜文化的熏陶下，有着鲜明的民族特色。

❖ 原始跆拳道的起源

在原始社会时期，朝鲜民族大部分过着以农耕为主、狩猎为辅的生活。为了获取食物和抗击外来侵略,在生产生活和御敌的实践中，人们逐渐发明了一些既能够锻炼身体，又能够御敌自卫的技术。古代跆拳道的雏形正是在这种环境下孕育而生的。经过不断的发展和完善，这些技术由一种本能的自卫活动演化为有目的、有意识的技击运动，除了用于御敌和狩猎外，也用于参加祭祀和展示力量的斗技大会。古代跆拳道就这样在实践中不断地得到补充和改进，成为一种有目的、有意识的格斗运动。

❖ 朝鲜三国时的跆拳道

朝鲜半岛的三国时代大约开始于公元前 1 世纪，是高句丽、新罗和百济三国并存的时期。高句丽在朝鲜半岛的北部，新罗在东南部，百济在西南部。为了争夺领土，三国之间战争不断，纷争四起，社会基本处于战乱连绵、动荡不安的状态，因而三国均重视技击术的修炼。在这一时期出现了“跆跟”“手搏”等格斗技艺，这些格斗技术就是今天的跆拳道雏形。据朝鲜古代文献《三国史记》中记载的 87 人列传里，武士就有 60 人，占总人数的 69%。这种社会环境极大地促进了军事武艺的发展，武士团体也应运而生。为了适应战争的需要，跆拳道运动在这一时期得以迅速发展。

1．高句丽时期的跆拳道

公元前 37 年，朱蒙于朝鲜半岛西北部（今朝鲜北部的鸭绿江河谷）建立了高句丽王国。有资料显示，跆拳道在高句丽享有很高的地位，这可以从高句丽后来的国都丸都的古坟——角抵冢、舞踊冢和三室冢的玄室壁画中得到证实。如角抵冢的壁画上就有两名男子互相搂抱臂膀进行格斗的姿势；三室冢的壁画中两位武士所做的动作就是当今跆拳道准备的动作（实战姿势），其中右边的人做的是身体前屈的攻击姿势，左边的人做的是防守姿势。像这种绘有跆拳道的壁画还有很多，当时这种原始的跆拳道被称为“跆跟”。这些资料表明跆拳道在高句丽已经相当盛行了。

2．新罗时期的跆拳道

新罗王国大约于公元前 57 年建立，其位置在朝鲜东南部的庆州平原上（现在的庆尚道地区）。新罗有一个负责军事教育的社会组织叫“花郎”（意思是“花骑士”），花郎中的年轻人被称为“花郎道”，他们以跆跟为训。到了真兴王时，便创立了“花郎道”这一组织。其宗旨是“事君以忠、事亲以孝、事友以信、临阵无退、杀身有择”，以此磨炼人的意志，锻炼人的体魄，造就了一批又一批忠君事孝、英勇顽强的战士。这一时期的许多僧侣都是花郎（武士）出身，所以石窟庵守门的佛像、金刚力士的造型也都采用了跆拳道的姿势。

另据资料记载，当时利用拳的击打和脚踢的格斗形式已相当盛行。在描写新罗时期风俗习惯的《帝王韵记》一书中，关于跆拳道的记载，即互相站立，用脚踢对方，此方法有三种：第一种是低水平者，互踢对方的腿部；第二种是中等水平者，互踢对方的肩部；第三种是高水平者，互踢对方的头部。

3．百济时期的跆拳道

百济王国大约建立于公元前 1 世纪下半叶。百济是当时三国中实力最弱的国家，有关跆拳道记载的遗迹少于高句丽和新罗。据《三国史记》记载，百济历代国王都推崇武艺，要求全国人民都要学习马术、射箭、跆跟（原始的跆拳道）与武技。在当时“便战戏”与“跆跟”虽称谓不同，但都是现代跆拳道的雏形，这表明跆拳道在百济也是相当盛行的。史料中记载的“便战戏”竞技方式类似于今天的跆拳道，就是利用手和脚格斗的竞赛，在百济时代广泛流行于军队和百姓之间。

❖ 高丽时期的跆拳道

公元 918 年，朝鲜半岛建立了一个统一的国家即高丽国。据史料记载，高丽士兵的战斗力来自平日的训练及对跆拳道的喜爱。训练中，士兵常用拳击打墙壁和木块，以磨炼手的攻击能力。当时十分喜爱徒手搏斗的忠惠王曾专门邀请臂力过人、武功超群的士兵金振郗（亦称金振郁）到宫廷表演手搏技艺，这使跆拳道声望大振，并且渐被广大民众所喜爱。据《高丽史》记载，徒手搏斗是高丽人普遍喜爱的竞技项目之一，并被规定为军队训练的必修项目。这一时期全国上下尚武之风盛行，跆拳道运动得到了空前的发展。

❖ 朝鲜时期的跆拳道

1392 年，高丽将军李成桂通过政变，建立了李氏王朝，同时用“朝鲜”称号。跆拳道经过近一千年的流传，到了李朝时代已形成了较为完整的体系。这一时期跆拳道成为选拔士兵的主要手段。如果一个人想做武官，在选拔时就必须用“跆跟”或“手搏”的技艺打败三个人，可见当时军旅中对跆拳道的重视程度。

公元 1790 年（李朝正祖 14 年），李德懋和学者朴齐家、白东修三人奉王命汇编了《武艺图谱通志》。书中收录了关于“手搏”“跆跟”等武技的方法、动作图解及各种兵器的用法，并借鉴国外武技使其与跆拳道的技法相互融合，自此跆拳道开始有了较科学的记载。李朝末期的王室受文尊武卑的思想影响开始重文轻武，这又使得跆拳道逐渐脱离了王室，却在民间广泛地流传。

❖ 近代跆拳道

1909年，日本侵占朝鲜后建立了殖民政府，曾经一度下令禁止所有的文化活动，其中也包括跆拳道。其间跆拳道技艺在朝鲜境内几乎销声匿迹。跆拳道修炼者出现了两种情况：一部分人在国内秘密地练习；还有一些不甘寂寞或被生活所迫的人远离国土，到中国或日本谋生，并把跆拳道延续下来。

朝鲜沦为日本的殖民地后，日本的“空手道”随之流入朝鲜，“花郎道”与“空手道”融合产生了“韩式空手道”，朝鲜人称这种武术为“跆拳”。第二次世界大战后，朝鲜独立，国家政治、社会面貌日益改观，许多流落他乡的朝鲜人先后回到故里，同时将各国武技带回祖国与跆拳道融合，构筑了新的跆拳道技术体系，使其得到了进一步的成熟和完善。

❖ 现代跆拳道的发展

现代跆拳道的创始人主要有崔泓熙、李仲佑和蔡天命，三人都曾是著名武馆的教练员。他们在执教过程中，经过不断的练习、研究、推敲，将朝鲜古代各流派的自卫术与日本的空手道、中国的武术相结合，由此创立了现代跆拳道的技术体系，这种新型的自卫术当时称为“跆拳”。

1955年，为了更好地推广这种新型的朝鲜民族武术，韩国武术家、体育家、教育家、高级军官及相关学者经过讨论认为：冷兵器时代已经过去，练习跆拳道不仅是练习手脚的功夫，更重要的是一种精神的修炼，磨炼一种“坚忍不拔”“百折不挠”的意志，培养一种“礼仪廉耻”“谦逊宽容”的品质。教练员在教授学员学习的过程中，不应只是教授学员实战、技击的技巧，更重要的是要教会学员做人的道理。当时崔泓熙认为：“跆拳道集东方意识和科学技术于一体，使人的能力尽可能地得到发挥，它是一种既能够强身健体，又能够防身自卫的体育运动。”经过讨论，大家一致通过崔泓熙提出的“跆拳”二字，并在其中融入东方武道文化和哲学思想，在“跆拳”后加一个“道”字，“跆拳道”的名称由此而生。跆拳道名称的确立结束了唐手（近代跆拳道的称谓）、空手道以及朝鲜古典武道各种名称混杂的局面，开创了跆拳道发展的新纪元。

1959 年，韩国成立了“大韩唐手道协会”，并于 1962 年加入大韩体育会，1965 年改为大韩跆拳道协会，1963 年第 43 届大韩全国体育大会确定跆拳道为正式比赛项目。1961 年 9 月，朝鲜成立了唐手道协会（后改为跆拳道协会），1962 年加入朝鲜业余体育协会，同时跆拳道列入全国体育比赛正式项目。期间朝鲜和韩国的大批跆拳道教练员离开他们的祖国到世界各地传授跆拳道，促进了跆拳道在全球范围内的普及和发展。这标志着跆拳道运动开始走向国际化。

1966 年，第一个国际性跆拳道组织——国际跆拳道联合会（ITF）在韩国成立，崔泓熙将军任主席。

1972 年，韩国国技院在汉城（今称首尔）成立。1973 年，在汉城举办了第 1 届世界跆拳道锦标赛，会后 19 个国家的代表在金云龙博士的倡导下，成立了世界跆拳道联盟（WTF），同时金云龙当选为主席。世界跆拳道联盟（WTF）成立后，制定了一套相应的规章制度，大胆删改了传统跆拳道中类似于表演以及实战性不强的技击内容，将其最符合现代竞技体育要求的、竞技性强的对抗性内容提炼成科学独立的教学、训练和竞赛体系，由此产生了新的跆拳道形式——竞技跆拳道。在此后的几年内，全球各地几乎都建立了有关跆拳道的各种组织和团体。1975 年，世界跆拳道联盟被接纳为国际体育联合会的会员。

1980 年，国际奥委会在第 83 次大会上，承认了世界跆拳道联盟，这一决定促使跆拳道运动在世界各地更广泛地流行。1983 年，在西班牙巴塞罗那举行的第 8 届世界锦标赛中增设了女子跆拳道比赛。1994 年 9 月 4 日，国际奥委会全体表决一致通过将跆拳道列入 2000 年奥运会奖牌项目。

目前，世界上拥有两大跆拳道组织，一个是世界跆拳道联盟（WTF），一个是国际跆拳道联盟（ITF）。世界跆拳道联盟是倡导以竞技为主、以品势为辅的跆拳道技术体系，而国际跆拳道联盟是倡导以品势修炼为主以竞技实战为辅的技术体系，这两大组织为跆拳道的推广和普及做出了巨大的贡献。

世界跆拳道联盟是得到奥委会承认的机构，总部设在韩国汉城。国技院现有会员国 140 多个，目前（2008 年）世界跆拳道联盟主席由韩国人赵正源担任。迄今为止，跆拳道运动已在全球范围内得到了空前的普及和发展，风行全球 188 个国家和地区，参与练习者达 7000 万人。

❖ 我国跆拳道的发展

1992 年 10 月 7 日，中国跆拳道协会筹备小组成立，标志着我国跆拳道运动的正式开始。1994 年 5 月，在河北正定开设了首届全国跆拳道教练员和裁判员学习班。1994 年 9 月，在云南昆明举行了第 1 届全国跆拳道比赛，当时有 15 个单位，共 150 名练习者参加了

比赛。由于我国跆拳道运动起步较晚，招收的第一批运动员大多是半路出家，我们的运动员水平与韩国、美国以及欧洲的一些起步早、基础好的国家的运动员相比，存在较大的差距。1995 年 5 月，共有 22 个单位 250 名练习者参加了在北京体育大学举行的第 1 届全国跆拳道锦标赛，从此跆拳道在中国迅速发展起来。1995 年 8 月，中国跆拳道协会正式成立了，魏纪中当选为第一任协会主席。1995 年 11 月，中国跆拳道协会被世界跆拳道联盟接纳为正式会员。中国跆拳道创立之初，给自己的定位是“智慧型的格斗项目”，发展方向是“博采众长，吸取我国各优势项目之长，解放思想，大胆创新，走自己的路”。一些优秀的教练员和运动员对跆拳道事业兢兢业业，他们一方面聘请大批的外国专家进行交流学习，另一方面深入研究国内外先进技击战术，在此基础上进行大胆创新，形成了独具特色的中国跆拳道。此后，我国跆拳道竞技水平有了很大的提高，1997 年 11 月，在香港举办的世界跆拳道锦标赛上，我国选手黄鹂在女子 43 公斤级的比赛中获得银牌。1998 年 5 月 17 日，在越南举办的第 13 届亚洲跆拳道锦标赛上，我国选手贺璐敏为中国赢得了第一枚亚洲跆拳道比赛金牌，实现了我国在正式国际比赛中金牌“零”的突破。这次比赛，共有来自亚洲的 22 个国家和地区约 240 名选手参加，其中有世界一流强队韩国、中国台北、伊朗等。中国跆拳道队获得了 1 金 1 银 5 铜的佳绩，其中女队获得团体总分第 3 名。1999 年 6 月 7 日，在加拿大举行的世界跆拳道锦标赛上，我国女选手王朔战胜多名世界跆拳道高手，获得女子 55 公斤级冠军，这是我国跆拳道运动员获得的第一个世界冠军。2000 年 9 月 30 日，在悉尼奥运会女子跆拳道 67 公斤以上级比赛中，我国选手陈中力克群雄获得冠军，这是我国获得的第一枚奥运会跆拳道金牌。2004 年 8 月 29 日，在雅典奥运会上中国选手陈中、罗微分别夺得女子67公斤以上级和67公斤级金牌，创造了中国跆拳道的新纪录。继雅典奥运会之后，2005年4月14日，在西班牙举行的世界跆拳道锦标赛上，我国选手王莹获得51公斤级金牌。2007年5月，在北京举行的世界跆拳道锦标赛中，中国选手吴静钰获得女子47公斤冠军，陈中获得女子72公斤冠军。2008年8月22日在北京举行的第29届奥运会上，我国选手吴静钰不负众望，获得女子49公斤级金牌。与此同时，我国男子选手朱国也夺得80公斤级铜牌，这也是我国男子跆拳道项目在奥运会中的首枚奖牌，预示着我国跆拳道项目的整体实力全面提升。

如今，随着跆拳道运动在我国的普及，跆拳道技术将日趋完善。我们坚信，将会有更多的中国跆拳道健儿涌现在奥运赛场，为中国跆拳道史续写新的篇章。

跆拳道的特点

❖ 以腿为主，以手为辅

在跆拳道技术中，腿法所占的比例是整个跆拳道技术体系的80%左右，这是跆拳道运动的鲜明特点。在实战比赛中，腿的攻击力量远远大于手，而且腿法攻击范围广，威力大，是跆拳道比赛中主要的得分手段。另外，竞技跆拳道的比赛规则对腿法使用有着积极的鼓励作用，在竞技跆拳道比赛中，只允许使用一种拳的方法进攻或反击，而且得分率很低，这无疑提高了运动员腿法的使用率。但在竞赛规则以外的跆拳道实战中，人体的一些主要关节都可以作为攻击对手的武器。这便构成了跆拳道运动的鲜明特点，即以腿为主，以手为辅的运动模式。

❖ 技击方法简捷实用，动作刚直相向

在跆拳道的实战中，多使用拳、掌、臂等格挡防守，随即以连续快速的腿法组合连击，或直接去打，或接触防守，很少使用闪躲避让法。用简明硬朗的方法直接去打击对方，追求以刚制刚、硬拼硬打，尽可能保持或缩短与双方的距离，进攻或反击时的动作路线多为直线，方法简练，强调击打的有效性。因此，技击方法简捷实用，动作刚直相向是跆拳道运动的又一特点。

❖ 内外兼修，功法独特

跆拳道训练是在赤手空拳下进行的。经过专门的训练，练习者的关节部位能够发挥常人难以具备的威力，尤其是手和脚的功力。这是意念与动作在长时期的彼此渗透中产生的综合效应，使人体达到“内外合一”的境界，即内力与外力、精神与劲道的协调统一。

❖ 以功力验水平

跆拳道练习者修炼的水平如何，技术动作的威力到底有多大，往往是通过运用手脚或其他关节部位分别击碎木板、砖石等物体来检测的。这种方法已成为跆拳道练习、晋级、表演、比赛的一个主要内容之一，也是检测跆拳道练习者功力水平的有效手段之一。

❖ 发声扬威，强调气势

跆拳道练习时，无论是品势练习，还是比赛训练，都要求训练者给人以气势上的震慑。多以发出洪亮并有威慑力的声音来显示自己的功力。那么发声有什么作用呢？这里可以归纳为四点：第一，通过发声可以提高自己的注意力，提高大脑皮质的兴奋，从而更好地完成训练或比赛；第二，有关专家研究表明，洪亮的喊声可以增强人的爆发力，以声催力来加大技术的杀伤力；第三，通过发声可以提高自己的斗志，在气势上压倒对手，从而达到在心理上战胜对手的目的；第四，在竞技比赛中，运动员通过发声配合击打效果来得到裁判员的认可，达到得分的目的。

❖ 以礼始以礼终，培养良好的道德品质

跆拳道修炼者始终把“礼”作为训练内容之一，强调以礼始以礼终，即训练是从行礼开始以行礼结束，并突出爱国主义精神。随着练习者技术水平的提升，道德修养也不断地加深。练习者通过向老师、长辈、教练员、队友鞠躬行礼，养成发自内心的礼仪习惯，形成谦虚、谨慎、友好忍让的态度，互相学习的作风，培养其坚韧不拔的意志品质和拼搏向上的精神。

跆拳道作用

❖ 强身健体，防身自卫，去除懒惰，增强自信

根据有关调查，国内的大多数青少年，由于学习压力重，营养不均衡等因素，身体长期处于亚健康状态。跆拳道是一项体育运动，通过训练可使学员们增强体质，提高免疫力，拥有真正的健康。通过跆拳道练习，可以提高人体各关节的灵活性及肌肉的伸展收缩能力，提高人的力量、柔韧、灵敏、耐力素质，并对神经系统的功能有较大的促进作用。长时间练习可以增强体质，塑造健美的身材和强壮的体魄。跆拳道的训练是围绕着攻防对抗来完成的，练习者在反复的练习中不断提高技战术水平，增强反应能力。另外，过长时间的跆拳道训练，以使手、脚及其他关节具备超乎常人的威力，从而达到防身自卫的目的。练习的学员们除了学习跆拳道技术，更注重的是“礼仪、廉耻、克己、忍耐、百折不屈”跆拳道精神的培养，使他们尊重别人，善于学习，做好分内事，提高兴趣，促成良好习惯的养成。

此外，来自社会的压力、家庭的压力、学校的压力，以及中小学生自身的争强好胜，使得他们过早地承受生活的重压，导致孩子们形成了自闭、自封、懦弱、胆小的性格趋势。跆拳道独特的练习方法，如呐喊、对抗等，会使他们有发泄的快感，从而减轻压力，增强信心，再加上与同龄人的沟通，能让孩子们找到自我，从而建立起自信，最终达到自强。

❖ 修身养性，培养优秀的意志品质和团结协作的能力

跆拳道的练习过程本身就是一个内外兼修的过程。练习中，推崇“以礼始，以礼终”的尚武精神，要以“礼义廉耻，克己忍耐，百折不挠”的跆拳道精神为宗旨。在这种跆拳道精神的指导下，练习者可以养成顽强果断、吃苦耐劳的好习惯，磨炼坚忍不拔、积极向上的意志品质，形成礼让谦逊、宽厚待人的美德及高尚的爱国主义情操。

21 世纪是建立在团结合作基础上的世纪。然而，独生子女由于家庭环境所制约，往往会形成孤傲、冷僻以及内向的性格，导致他们不会与人相处，不愿与人相处。跆拳道训练会给他们一个和同龄人一起生活的“大家庭”氛围，使他们打开心扉，敢于接纳他人，愿意与人沟通，培养他们的团结合作精神，增强他们在团队中的生存能力。

❖ 娱乐观赏

跆拳道不但有强身健体和防身自卫的功能，而且具有极高的观赏价值。跆拳道比赛时，运动员不仅要斗智斗勇，而且要通过比赛将跆拳道的技术发挥得淋漓尽致。紧张激烈的对抗同时也给观赏者以美的享受，赏心悦目，激发人们的斗志，鼓舞人们奋发向上的精神，陶冶人的道德情操，使人们在潜移默化中受到运动员高尚道德品质的感染。

❖ 能够陶冶人的情感，净化人的心灵

从教育心理学上讲陶冶，意即给学生的思想意识以有益或良好的影响。关于跆拳道的陶冶功能，早在春秋时期的孔子就把它总结

为“无言以教”“里仁为美”；南朝学者颜之推进一步指明了它在培养、教育青少年方面的重要意义：“人在少年，精神未定，所与款狎，熏渍陶染，言笑举动，无心于学，潜易暗化，自然拟之。”即古人所说的“陶情冶性”。汉城黑带独创跆拳道教学，使学员的情感得到净化和升华。它剔除情感中的消极因素，保留积极成分。这种净化后的情感体验具有更有效的调节性、动力性、感染性、强化性、定向性、适应性、信号性等方面的辅助认知功能。

❖ 锻炼创造性思维，培养适应能力

众所周知，人的社会化过程即形成“一切社会关系的总和”。这一从自然人转化为社会人的过程，实际上完全是环境——社会、家庭、学校、种族、地理等因素共同作用的结果。这些影响作用有的被我们感知到，但更多的则是不知不觉地影响着我们。汉城黑带，孩子们的第二个家长。父母对孩子的付出是全方位的，无处不在，无时

不有，作为汉城黑带跆拳道的小队员，要把它们全部都寻找出来，记在心里，慢慢去体现。父母的恩情在送我们去道馆的路上，在道馆外耐心的等候中，父母慈祥的眼神中融合了我们的一切。汉城黑带让孩子知道了感恩。跆拳道是在对社会和生活进一步提炼和加工后才影响于学生的。汉城黑带为学员创造的特定情境，提供了调动小队员的原有认知结构的某些线索，经过思维的内部整合作用，人就会顿悟或产生新的认知结构。情境所提供的线索起到一种唤醒或启迪智慧的作用。正处于某种问题情境中的人，会因为某句话的提醒或碰到某些事物而受到启发，从而顺利地解决问题。

男性练习跆拳道的益处：

1. 能在跆拳道的刚劲勇猛中找回自我；

2. 通过跆拳道的练习，会觉得精力更充沛，更有自信去面对生活的一切压力；

3. 跆拳道的练习会使您拥有一个超人的体魄；

4. 练习跆拳道能增强细胞活性，延缓衰老；

5. 练习跆拳道能帮您克服散漫无节制的生活习惯。

女性练习跆拳道的益处：

1. 全球范围内现在已有越来越多的女性在练习跆拳道，这已日趋成为一种时尚；

2. 通过科学的跆拳道练习，能改善循环，从而使您有一个健康的身体；

3. 跆拳道的腿法练习可以减掉腰部、腹部和臀部的脂肪，从而达到瘦身的目的；

4. 跆拳道剧烈的运动让您汗流浃背，体会有氧运动的快感，并可起到排毒养颜的美容效果；

5. 通过跆拳道的练习您会掌握很多防身技能，遇到强敌，您也会安然脱险。

跆拳道场地、服装与段位

❖ 跆拳道的场地

现代跆拳道主要有两种类型，一种是以参加比赛为主要目的的竞技跆拳道，一种是大众跆拳道。

1. 竞技跆拳道场地、装备

跆拳道的比赛场地是一个 10 米 ×10 米的垫子，运动员在垫子上进行比赛。比赛时，两名对抗的运动员要穿跆拳道道服，系腰带，还要戴上头盔用以保护头部，并且穿上护甲、护腿等护具。护甲的颜色是红色或蓝色。护甲要穿在道服外面，头盔的颜色要与护甲的颜色一致。其他的保护装备还有穿在道服里面的护裆、护臂和护腿。

2. 大众跆拳道场地

跆拳道场地是一个 12 米 ×12 米水平、无障碍物、正方形的场地。其中 10 米 ×10 米范围是由正方形硬海绵垫构成，这种新型材料具有不易变形，摩擦大等特点，还有一定弹性。场地中央 8 米 ×8 米的区域为比赛区，其余部分为警戒区。警戒区和比赛区表面用两种不同颜色划分，同色时用 5 厘米宽的白线划分。为保证运动员的安全，比赛场地边界线外应有与地面夹角小于 30 度的斜坡。

（1）训练场地正面的墙上应悬挂一面国旗（尺寸大小依场馆大小而定），便于队员在训练前和训练结束后向国旗敬礼。

（2）训练场地应铺设跆拳道训练的专用垫子，色彩搭配以蓝、红两种颜色为宜。

（3）训练场馆两侧的墙上可悬挂一些振奋人心的口号标语，诸如，“坚忍不拔、自强不息、奋进拼搏、尊师重道、以礼始，以礼终、忍耐克己”等。可以悬挂本训练馆培养的优秀运动员、教练员或者一些知名跆拳道专家的照片、简介和友邻跆拳道馆的会徽、会旗等。

（4）设置跆拳道必需的训练器材，如脚靶、手靶、护具、头盔等，并做好定期的维护、消毒、清洗工作。

（5）设置风扇、空调等通风控温装置，以防训练员过多，造成空气不畅缺氧、中暑和呼吸道疾病传播的问题。

（6）设置饮水机或电热水器，供训练间隙运动员饮用。

（7）设置男、女更衣室和卫生间，有条件的可以考虑设置男、女淋浴间。

（8）提供音响设备，以便训练中使用音乐调节训练气氛和节奏。

（9）设置救护箱和灭火设备。

（10）公布火警、匪警等相关公共预防电话号码。

（11）绘制发生火警和治安突发事件的应急疏散方案图。

❖ 跆拳道的服装

参加跆拳道比赛时，运动员必须穿戴由世界跆拳道联盟规定的统一服装（包括护头、护胸等道具），平时训练时须穿跆拳道道服。

❖ 跆拳道的段位划分

跆拳道是用段位来显示练习者的跆拳道学习造诣的。练习者的腰带是技术等级的标志，段位越高表明水平越高。跆拳道的段位可以划分为十级九段。从十级（低）到一级（高）是初学者的等级。从一段到三段是黑带新手的段位，称为 Assistant instructor；四段到六段为高水平段位，称为 Instructor；七段至九段是授予那些有很高学识造诣或为跆拳道发展做出杰出贡献者的段位，七段和八段者称为 Master；九段为最高段，称为 Grandmaster。只有黑带才称为段，黑带以下称为级；十个等级各代表的水平不同，初学者只有从十个级别中的十级开始晋升至一级，然后才能入段。十个级别划分如下：

十级为白带。表示空白，根本没有跆拳道知识，也就是处于入门阶段。

九级为白带加黄杠。

八级为黄带。表示大地。草木在大地生根发芽，意味着开始学习基础动作，正处于基础阶段。

七级为黄带加绿杠。

六级为绿带。表示草木。成长中的绿色草木，意味着正处于技术进步阶段。

五级为绿带加蓝杠。

四级为蓝带。表示蓝天。草木向着蓝天茁壮成长，意味着进入达到相当高的阶段。

三级为蓝带加红杠。

二级为红带。表示已具备相当的威力，意味着克己和警示对手不要接近。

一级为红带加黑带。

黑带的段位是通过黑带上的特殊标记区分的，另外，区别跆拳道的段位还要看道服上的标记：一段至三段的道服有黑色带条，四段以上的道服的衣袖和裤腿两边有黑色带条。

跆拳道的精神、礼节

❖ 跆拳道精神释义

精神通常是指人的意识、思维活动和一般心理状态。跆拳道精神是跆拳道练习者需要培养的心理状态。这种心理状态在不同的时期有不同的要求，如在古代跆拳道的精神具体体现在以“事君以忠、事亲以孝、事友以信、临阵无退、杀身有择”为主的忠孝爱国精神。现代跆拳道的精神与体育的精神是相互交融的，可以概括为十二个字，即礼仪、廉耻、忍耐、克己、百折不屈的精神。

礼仪（义）：指礼节和仪式，也指崇礼行义。要求跆拳道练习者要互相尊重，培养友爱、正义、谦虚的精神。

高扬相互谅解的精神。

对于诽谤或侮辱他人的恶习应感到羞耻。

谦虚、互相尊重人格。

提倡人道主义和正义感。

教练与学员、前辈与晚辈的关系应明确。

处事要符合礼仪。

尊重他人的所有物。

不论问题的大小，坚持公平原则，慎重处理。

不送、不收心中含糊的礼物。

廉耻：指廉洁的操守和羞耻的感觉。要求跆拳道练习者要分辨是非，有羞耻之心，努力使自己成为正直和道德高尚的人。

不顾没有传授实力，俨然像有权威的教练一样诱导善良学员走向歧途，却不觉羞耻。

示范时为了炫耀威力，把裂开的松板黏合，或预制有裂纹的砖头将其击破，还厚颜无耻地面向观众或学员。

过分奢侈装饰道场或以假奖状、假奖杯装饰办公室，用过分虚伪的热情获取学员们的欢心，来隐瞒自己的无能。

真正的武道之人即使提升它的段或级也会谦让。相反，要求超过实力以上的段或级，或用钱买也不觉羞耻的似是而非的武道人。

任何以私利或炫耀假武力为目的而需要段或级的人。

不是为了培养优秀的弟子而是以盈利为目的的运营道场、向学员无理要求钱物或出卖证明书的行为。

言行不一致，不守信用的教练或学员。

向晚辈询问有关技术意见而感到羞愧的前辈。

为了私利奉承于权力，作为武道人忘记应遵守的基本姿态，却摆出武道人的样子要威风。

忍耐：是把痛苦的感觉或某种情绪抑制住，不使其表现出来。忍耐是用来克服跆拳道练习过程中所遇到困难的秘诀，只有忍耐才能超越自己。

克己：是指克制自己的私心，对自己要求严格。要求跆拳道练习者要自我控制，排除不良情绪和私心杂念。

百折不屈：指无论受多少挫折都不退缩。要求跆拳道练习者要有坚强的意志品质，在挫折、困难面前不退缩、不轻易放弃。

一个真正的跆拳道人是谦虚、正直的。若是一个有正义感的人，不论对方是谁或其人数有多少都应丝毫不畏惧，不犹豫，果断地向前迈进。孔子说过这样一句话：明知是正义的也不敢大声高喊，更不敢站出来的人，是没用的胆小鬼；向着既定目标，以百折不屈的精神，正直地倾注一切精力，就没有失败的人。

❖ 跆拳道的礼节

跆拳道的“礼仪”是跆拳道基本精神的体现，也是跆拳道练习者需要修炼的内容之一。跆拳道的礼仪不只是形式的表现，而是要发自内心地进行。跆拳道是以对抗为表现形式的运动，训练或比赛中，无论怎样激烈地打斗，运动员双方都是以提高运动技术水平、磨炼意志为目的的，因此，参加跆拳道比赛的运动员都要有向对方持有尊重和学习的心态。做到场上是对手，场下是朋友，这就是跆拳道。运动始终倡导的“以礼始，以礼终”的精神。礼节也是每一个跆拳道习练者在接触跆拳道运动时的第一堂课，练习者只有树立谦虚的学习态度，才能够获得理想的人格和健康的体魄。跆拳道中，最常用的礼节是向教练员、队友、长辈行鞠躬礼，具体方法是：面向对方直体站立，向前屈腰 15 度，头向前屈 45 度；此时双手紧贴两腿，两脚跟并拢。

1．进入道馆训练时的礼节

（1）练习者衣着端正，头发整洁，对教练员和队友都要表现出恭敬、服从和谦虚、互动互学的心态。

（2）进入道馆时，首先向国旗敬礼，方法是：将右手掌放于左侧胸前，成立正姿势，目视国旗 2 ～ 3 秒钟，然后向教练员行鞠躬礼。

（3）两人一组进行练习时，首先应相互敬礼，练习结束后，再次相互敬礼。

（4）训练中，如果有事请假，应首先向教练员敬礼再说明理由。

（5）训练中，服装或护具脱落应背对国旗和教练员，整理整齐后再恢复训练。

（6）训练结束后，首先向国旗敬礼，然后向教练员敬礼，离开道馆时再次向国旗和教练员敬礼。

2. 参加比赛时的礼节

（1）个人比赛时的礼节

个人比赛开始时的礼节：运动员走入场地时，应向裁判员及教练员敬礼，待场上主裁判“立正”“敬礼”的口令下达后，比赛双方运动员敬礼，然后在主裁判发出“准备”“开始”的口令后方能进行比赛。

个人比赛结束时的礼节：比赛结束时，双方运动员到各自的位置相对站好，待主裁判发出“立正”“敬礼”的口令后双方敬礼，然后面对裁判长席等待比赛结果。比赛结果宣布结束后向裁判长席、场上裁判员及对方教练员敬礼，然后结束比赛。

（2）团体对抗赛的礼节

比赛前的礼节：首先，青、红两队全体队员按名单顺序面向裁判席，成纵队站立，然后两队运动员依主裁判“敬礼”口令，向裁判席敬礼。

比赛结束后的礼节：当最后一对运动员比赛结束后，两队全体运动员立即进入竞赛区相对站立，待主裁判发出“立正”“敬礼”的口号后相互敬礼，然后两队依主裁判口令先向监督官立正站好，再向陪审敬礼。

第二章

竞技跆拳道的基本技术

跆拳道技术动作及使用部位

❖ 跆拳道的使用部位术语和动作要求

1．拳法

拳法在竞赛跆拳道中主要有正拳（也称平冲拳或直拳），在品势中则有正拳、勾拳、锤拳等。

正拳（也称平冲拳或直拳）：将手的四指并拢握紧，拳面要平，然后拇指压贴于食指和中指的第二节上。使用正拳时，用拳的正面的食指和中指部分击打。

勾拳：握法同正拳。使用时用食指和中指关节根部的突出部分击打。

锤拳：握法同正拳。使用时用小指和手腕间的肌肉部分击打。

平拳：向前平伸拳，然后把手指的第二节弯曲，指尖贴紧手掌，

拇指弯曲紧贴食指尖，用第二指尖击打。

中突拳：中指弯曲或食指从正拳握法中突出，主要是击打太阳穴和两侧肋部。

2. 掌法

手刀：四指伸直，拇指弯曲靠近食指，用小指侧的掌外沿攻击对方。只局限于在品势中使用。

背刀：此掌法与手刀基本相同，用食指侧攻击对方。只限于在品势中使用。

贯手：手形与手刀基本相同，要求微屈中指，主要用四指指尖截击对方的要害部位，如攻击对方的眼睛、喉部等。只限于在品势

中使用。

3. 臂部

腕部：腕关节的四周部位。主要用于防守格挡。

肘部：用肘的鹰突关节攻击，只限于在品势中使用。

前臂和上臂：主要用外侧进行格挡防守，其中前臂的格挡在竞赛跆拳道比赛中经常被运动员所使用。

4．脚部和膝部

跆拳道比赛中，运动员主要以腿攻为主，采用的脚的部位是脚面、足刀、脚尖和脚跟。

脚面：用脚的正面部分攻击对方，主要用来踢击对方髋关节以上、锁骨以下被护具包围的部位和头部的侧面剖面。

足刀：用脚外沿侧蹬对方，多用于侧、推踢。

脚尖：主要用脚趾前端的部位进攻对方。

脚跟：主要用脚跟后踢和推踢对方。

前脚掌：主要用前脚掌攻击对方，多用于劈腿。

膝部：用膝盖顶击对方，只局限于在品势中使用。

❖ 跆拳道品势中的步型

1．准备势

两脚开立与肩同宽，身体自然直立，两脚尖略外展，两手握拳置于腹前。

2. 开立步

两脚开立与肩同宽，身体自然直立，两膝微屈，两脚尖正对前方，两手握拳置于体侧。

3. 马步

两脚开立，较肩宽，两脚尖平行或略内扣，挺胸直背，两腿屈膝半蹲，重心在两脚之间。

4. 弓步

（又称前屈立）前后脚分立，两脚相距一步半，前腿屈膝，后腿伸直，前腿膝关节与脚尖垂直，重心大部分在前脚上，左脚在前称右弓步，右脚在前称左弓步。

5. 后弓步（三七步）

（又称后屈立）前后脚分立，两脚相距约一步，后脚尖外展90度，后退屈膝如同骑马状，前腿膝关节略屈，重心大部分在后脚上。左脚在前称右后弓步，右脚在前称左后弓步。

6. 前探步（前行步）

（又称高前屈立）如走路姿势。两脚之间距离小于弓步，上体略前倾，前腿膝关节略屈，重心大部分落在前脚上。左脚在前称左前探步，右脚在前称右前探步。

7．虚步

与后弓步相似，前脚掌点地，脚跟提起，重心落在后脚。左脚在前称右虚步，右脚在前称左虚步。

8．交叉步

一脚向另一脚的前侧（前交叉步）或后侧（后交叉步）落步，脚尖着地，两腿屈膝交叉。

9．并步

两脚并拢，身体直立，两脚内侧贴紧并拢。

10．单脚立

提起一条腿，并将脚置于另一腿的膝关节处，脚尖绷直，垂直于地面，只用一条腿站立。

准备姿势和步法

❖ 准备姿势（格斗势）

准备姿势也称实战姿势或预备姿势，是竞赛跆拳道比赛中双方开始时的基本站立姿势。准备姿势应便于进攻和防守反击以及步法的移动。

1．动作过程

（1）两脚开立与肩同宽，两臂垂于体侧。

（2）左脚或右脚向另一脚的前方迈出，两脚相距一步距离前后站立，使身体侧对对方，同时两手半握拳，沉肩、两臂屈肘自然垂放（左脚在后是左架准备姿势，右脚在后是右架准备姿势）。

（3）重心落在两脚之间，膝部略弯曲，眼睛平视对方面部，下颚微收。

2．要领

（1）两臂所放位置不是固定的，也可以一臂下垂或两臂下垂。

（2）两脚之间的距离和重心的高低可根据具体情况进行调整，原则上是在移动时能最快调整好身体重心。

（3）若重心下降，大小腿之间的夹角几乎等于 90 度时，则为低位姿势。

3．准备姿势的理论基础

在跆拳道比赛中，运动员身体侧对对手，在前面的脚称前脚，在后面的脚则称后脚；同样，在前面的腿称为前腿，在后面的腿则称为后腿。一般来说，运动员做出准备姿势，或是准备进攻，或是准备防守反击，此时要求运动员心理和身体都要放松，重心的高低取决于自己是否能以最快速度向各个方向移动。在比赛中，双方运动员经常有一个互不进攻的短暂时间，即双方都保持着准备姿势，原因是：

（1）等待对方进攻，自己准备反击。

（2）自己直接进攻得点的把握不大，犹豫不决。

（3）进行短暂的休息，调整体力。

（4）在比分领先的情况下拖延时间。

（5）其他战术的需要。

此时运动员不一定站在固定位置上，有经验的运动员往往会主动后撤或向一侧移动几步，使对方也不得不随自己而调整准备姿势，而此时却是对方进攻自己的较好时机，运动员应在平时训练中进行这方面的专门练习。如果双方运动员都是左架站立或都是右架站立，则称双方站位为闭式站位；如果一方是左架，一方是右架，则称双方站位为开式站位。一般来讲，运动员都有一条腿是自己经常使用的，也就是无论在出腿速度或是力量上都觉得这条腿进攻得点或防守反击更有把握一些，这条腿称为优势腿或主打腿或得点腿等。由于生活中的习惯，一般运动员是将右腿作为优势腿。一般习惯使用前腿旋踢得分的运动员常将优势腿放在前面，如左腿是优势腿，则运动员常以右架准备姿势站立；而经常使用后腿旋踢运动员就往往将优势腿放在后面，如右腿是优势腿，则常以右架准备姿势站立。

❖ 准备姿势的基本步法

准备姿势的基本步法，是指在准备姿势站立后，向不同方向移动的方法。

在跆拳道技术体系中，步法是其中重要的一环，尤其在运动员刚开始接触跆拳道这项运动时，要用较多的时间来进行专门的步法练习。由于竞赛跆拳道规则的限制，在比赛中运动员主要是用腿攻击和防守反击，因此运动员的步法是否灵活，在一定程度上决定了他的进攻和防守或反击是否能够达到目的，这也使得步法训练在跆拳道训练中占据着重要地位。

1．上步

动作过程：右架准备姿势（以下简称“右架”）站立，右脚向前上一步，成为左架准备姿势（以下简称“左架”）。反之左架亦然。

要领：上步时通过向左拧腰转髋完成，两臂在侧自然上下移动，重心不要上下起伏过大。

实战使用：上步时，常用于逼迫对方后撤，或引诱对方进攻，而当对手使用上步时，自己可立即使用进攻技术进攻对方。

2. 后撤步

动作过程：右架站立，左脚向后撤一步，成为左架准备姿势，反之左架亦然。

要领：后撤步时重心保持平稳移动，通过向左拧腰转髋完成，两臂在体侧自然上下移动。

实战使用：后撤步时，常用在对方使用前旋踢时，当对方准备继续进攻时，可用前腿的侧踢或鞭踢或下压阻击对方。

3. 前跃步（前进步）

动作过程：右架站立，两脚同时向前跃进一步，保持右架准备姿势，反之左架亦然。

要领：向前跃步时，重心不宜起伏过大，尽量使重心平稳移动，两

脚稍离地即可。

实战使用：前跃步时，常用在快速接近对方以使用旋踢或下压等进攻动作；当对方前跃步时，可用前腿的劈腿或后踢或后旋踢迎击对方，但有时对方使用前跃步是为了引诱自己反击后要调整重心时再进攻得点，因此，此时自己可随后撤一步而不被对方所利用。

4. 后跃步（后撤步）

动作过程：右架站立，两脚同时向后回撤一步，保持右架准备姿势，反之左架亦然。

要领：向后回撤时，重心不宜起伏过大，尽量使重心平稳移动，两脚稍离地即可。

实战使用：后跃步常用在对方进攻，自己需要快速与对方拉开距离时，此时由于自己有一个向后撤的惯性，再用进攻的动作就一定有难度，一般是使用迎击动作如后踢或后旋踢等。因此若对方使用后跃步时，自己要防止对方的阻击动作；如果自己使用组合动作，在对方后跃步时，自己一般使用侧踢、推踢或外摆下压等动作。

5. 原地换步

动作过程：右架站立，两脚原地前后交换，由右架换成左架，反之左架亦然。

要领：重心不宜起伏过大，尽量使重心平稳移动，两脚稍离地即可。

实战使用：原地换步常用在对方与自己是闭式站位，自己为了与对方形成开式站位用以更有利于击打对方胸部时，或是为了不让对方的优势腿发挥威力，使对方感到别扭。而当对方原地换步时，可利用此时机抢攻得点。

6. 侧移步

动作过程：第一种步法是以前脚为轴，后脚向左（右）侧方向移动，用以改变与对手的站位方向；第二种步法是右架站立，右脚先向右（或向左）侧移动一步，随之左脚也迅速向右（或向左）侧移动一步。

要领：一般是将身体重心移向前脚，以利于后脚进攻。

实战使用：主动进攻时，对方反应速度快，则使用向一侧移动侧移步，诱使对方来不及调整身体重心而不能很好地反击。或是当对方进攻，自己不向后撤，而使用侧移步与对方贴近使用进攻动作。

7．垫步

动作过程：右架站立，右脚向左脚内侧上步，同时左腿迅速抬起以便进攻和防守。

实战要领：使用垫步，主要是在主动进攻时用前腿攻击对方。

❖ 准备姿势和步法的练习步骤

1．练习左架准备姿势。

2．练习右架准备姿势。

3．练习左架与右架之间的原地换步。

4．练习上步和后撤步（左架与右架都要练）。

5．练习前跃步和后跃步。

6．练习侧移步。

7．练习连续向前跃步和连续向后跃步。

8．练习连续侧移步。

9．练习（左架）左脚先上步接左脚后撤步。

10．练习（右架）右脚先上步接右脚后撤步。

11．练习垫步。

12．练习连续垫步。

13．几种步法熟练后，可组合起来练习。

14．结合教练员的手势或声音信号练习。

15．两人配合练习，一人进攻步法，一人防守或反击步法。

16．将两个以上的步法组合起来练习。

17．结合旋踢、后踢等动作练习步法。

前踢和旋踢

❖ 前踢

前踢是学习旋踢的基础，在品势中常被使用。

1．动作过程

（1）右架站立，重心移至左腿。

（2）提起右大腿同时髋部略向左转，膝盖朝前，脚面稍绷直，双手握拳自然垂放在身体两侧。

（3）继续将髋关节前送，右大腿向前抬提，当大腿抬至水平或稍高时，向前弹出小腿，用脚面击打目标。

（4）直接向右转髋部，使右小腿折叠快收回原位，然后后撤右腿，还原为右架准备姿势。

2．要领

（1）提起右腿时，两大腿内侧之间的距离应尽量小，即右腿尽量直线出腿。

（2）为保持重心，躯干可稍向后倾，尽量将髋部向前送出，若是高前踢，髋部则要尽量向上向前送。

（3）击打时脚面绷直。

（4）小腿弹出后，在弹直的一刹那，要有一个制动的过程，使脚产生鞭打的效果。

（5）脚尖的方向向前上方。

（6）用前腿主要攻击面部、下颚。

3. 易犯错与纠正

（1）髋部没向前送。

（2）击打时脚面没有绷直。

（3）提膝时没有直线出腿。

（4）支撑腿没有积极配合髋部的转动。

（5）小腿弹出后，在弹直的一刹那，要有一个制动的过程，即没有快打快收的折叠小腿的过程。

4. 练习步骤和方法

（1）采用分解教法，先练提后腿，同时向前送髋部。

（2）再练弹出小腿。

（3）完整练习前踢动作并能熟练使用。

（4）左右架交替练习。

（5）空动作练会后，脚靶配合练习。

（6）两人一组，交替进行前踢的练习。

（7）逐渐提高前踢的高度和远度。

❖ 旋踢

是跆拳道比赛中最为常用的动作之一，也是运动员得分的主要技术。

1．动作过程

（1）右架站立，重心移至左腿。

（2）提起右大腿同时髋部略向左转，膝盖朝前，大小腿折叠，脚面绷直。

（3）继续将右大腿向前提高，左脚向外侧转动，右腿快速鞭打踢出小腿，膝盖朝向左侧。

（4）击打后，右脚自然落下成左架，然后后撤右脚，还原成右架准备姿势。

2．要领

（1）旋踢与前踢类似，区别在于旋踢腿的膝盖方向在击打的一刹那，是瞬时转髋朝向对方的腹部，而前踢腿的膝盖方向是向前上方。

（2）提起右腿时，两大腿内侧之间的距离应尽量小，即右腿尽量直线出击。

（3）为保护重心，躯干稍向左后倾以配合快速转髋。

（4）击打时脚面稍绷直，但踝关节要放松。

（5）小腿弹出后，在弹直的一刹那，要有一个制动的过程，使脚面产生鞭打的效果。

（6）提膝应尽量随着转髋同时进行，不能完全转髋后再提膝。

（7）左脚应积极配合髋部的运动，运动时可稍有一点踮起。

（8）用旋踢主要进攻对方的胸部和面部及肋部。

3．易犯错误与纠正

（1）右腿上提时没有直线向前上方提膝。

（2）躯干没有稍后倾，上体前压，使腿的长度没有被充分利用。

（3）大小腿折叠回收不够，击打力不够。

（4）击打时脚面没有绷直。

（5）小腿弹出后，在弹直的一刹那，没有制动的过程。

（6）先转髋再提膝，造成膝盖过早偏向右侧。

（7）左脚没有积极配合髋部的转动，左脚太“死”，或是在身体

向前移动时，支撑腿没有配合向前移动，在后面“拖”着。

4. 反击旋踢

按照旋踢的要领完成动作，只是支撑腿随身体重心的移动轨迹向后或向斜后方移动，当对方进攻时，自己则迅速向后移动重心，使用反击旋踢得点。

5. 练习步骤和方法

（1）先练前踢，待熟练后再开始练旋踢。

（2）提后腿（提膝），同时转髋。

（3）弹出小腿。

（4）熟练后可练习旋踢击打头部（高旋踢）。

（5）左右交替练习，使两条腿都能熟练旋踢。

（6）脚靶配合练习。

（7）高旋踢击打脚靶。

（8）两人一组，交替进行旋踢护具的练习。

（9）结合步法移动（前进、后撤、侧向移动）进行旋踢的练习。

（10）练习反击旋踢。

6. 战术训练方法

在对方原地换位的一刹那进攻旋踢：双方运动员在比赛中，准备姿势不断变换，目的一是有利于自己进攻，二是让对方的优势腿发挥不出作用。在比赛中所要抓的时机便是利用对方换位的一刹那进攻旋踢，方法是：甲乙双方穿护具右架闭式站立（双方同是右架或同是左架站立则称为闭式站立，一方是左架，另一方是右架，则为开式站立，以下同），乙方原地换位的一刹那，甲方立即使用后腿旋踢。

在对方上步时进攻旋踢：甲乙双方穿护具开式站立。乙方双脚一起向前跳一步，准备进攻时，甲方立即使用后腿旋踢。

用身体晃动调动对方，在对方后撤一步时使用旋踢：甲乙双方穿护具右架闭式站立，甲用身体晃动的假动作调动乙，使乙以为甲要进攻向后撤一步。甲立即进攻旋踢。

在对方下劈时反击旋踢：甲乙双方穿护具开式站立，乙方用前腿使用下劈腿，甲方向一侧跳的同时使用旋踢反击。

连续两个旋踢：甲使用左腿（后退）旋踢进攻乙，乙后撤，甲继续用右腿旋踢击中乙。

用旋踢反击旋踢：甲右架，双方穿护具开式站立，乙用左腿旋踢进攻甲，甲换位后撤一步的同时使用左腿旋踢反击乙。

后踢和下劈

❖ 后踢

是跆拳道比赛中最为常用的动作之一，也是运动员反击对方进攻的主要技术。

1. 动作过程

（1）右架站立，重心移至左腿。

（2）以左腿尖为轴，左腿跟外旋，身体向后方转动，同时提起右大腿，使大小腿几乎折叠，脚尖勾起，头部稍向右后方转动。

（3）右腿向后平伸后蹬，在蹬直前膝盖稍外翻（向右侧）。

（4）用脚跟部位击打对方腹部和胸部。

（5）击打后，右脚自然落下成左架，然后后撤右脚，还原成右架准备姿势。

2. 要领

（1）身体右后向转动时，同时要快速提起右膝。

（2）身体转到背朝对方时要制动，同时右脚后蹬，此时身体不要再有转动，膝盖此时的方向应与左腿膝盖方向一致。

（3）在提起右腿时，两大腿内侧之间的距离应尽量小，即右腿“擦”着左腿起腿。

（4）身体转动时，头部配合同向转动。

（5）为保持重心，躯干在向下弯曲的同时可稍挺胸。

（6）动作熟练时，转身与后蹬应是同时进行的。

（7）最后再练习后踢击头（高后踢）。

（8）左腿应积极配合髋部的转动，调整好身体重心。

（9）由于对方进攻常常是侧向，后踢的方向应在正前方稍偏向右侧。

（10）用后踢主要进攻对方的胸部、头部和两肋部。

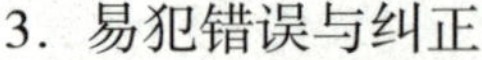

3. 易犯错误与纠正

（1）身体转到背朝对方时没有制动，身体继续转动，腿不是直线向后踢出。

（2）在提起右腿时，右腿没有“擦”着左腿起腿。

（3）身体转动时，头部配合同向转动，但肩和上体不应跟着转动，否则容易被对方反击。

（4）转身与后蹬没有同时进行，动作不连贯。

（5）左脚没有积极配合髋部的转动。

4. 反击后踢

按照后踢的要领完成动作，只是支撑腿向前跳，当对方进攻时，自己则迅速向前移动身体，使用反击后踢得点。目的是与对方拉开距离，实际是后跃步加后踢。

5. 练习步骤

（1）开始练习时手扶支撑物，体会后蹬的感觉。

（2）练习转身同时提膝。

（3）平伸后蹬。

（4）进行完整的后踢动作练习，采用固定靶练习。

（5）熟练后可练习后踢击打头部（高后踢）。

（6）左架右架都可以同时练习。

（7）练习反击后踢。

（8）用沙袋进行后踢的练习。

（9）同伴手持脚靶，进行反应靶练习。

（10）同伴穿护具，进行反应护具的练习。

6. 战术训练方法

（1）在对方旋踢时用后踢反击：甲乙右架闭式站立，乙方使用旋踢进攻甲，甲立即转身使用后踢反击乙。

（2）在对方使用前旋踢时用后踢反击；甲乙双方右架闭式站立，乙方使用前旋踢进攻甲，甲立即快速转身使用后踢反击乙。

（3）先用假旋踢调动对方，趁对方旋踢时使用后踢反击：甲乙双方右架闭式站立。甲使用后腿旋踢假进攻乙，以后撤一步然后用旋踢进攻甲时，甲趁势使用后踢反击乙。

（4）在对方使用双飞踢时用后踢反击：甲方右架闭式站立，乙方使用双飞踢进攻甲，甲立即转身使用后踢反击乙。

❖ 下劈

下劈也称为下压和劈腿，是跆拳道比赛中常用的动作之一，也是进攻和反击对方进攻的主要技术。

1. 动作过程

（1）右架站立，重心先移至左腿。

（2）提起右腿，同时略转髋向左并向上送髋，使右腿膝盖与胸

部尽量贴近，身体重心尽量向上。

（3）右腿高举过头，右腿伸直贴紧上体，上体保持正直或稍前俯，重心向上。

（4）右脚脚面稍绷直，右腿快速下劈（如刀劈木块一样），用脚掌或脚后跟下砸对方的头部，身体重心前移至右腿上，身体要稍后仰来控制重心。

（5）击打后，右脚自然落下成左架，然后后撤右脚，还原成右架准备姿势。

2. 要领

（1）下劈与中国武术的正踢腿相似，区别在于下劈稍有一点转髋，并且踢腿向上时，要向上积极送髋，大小腿之间也可有一定的弯曲度。

（2）在下劈时，身体重心向前移。

（3）上提右腿时，右脚脚面不需要绷直，应自然放松，而下劈腿时要稍绷直。

（4）也可直接用前腿（左腿）使用下劈，右腿进行跟步（随着身体重心向前移动而向前移动）。

（5）左脚应积极配合身体向前移动，调整好身体重心。

（6）在练习时，也多采用如武术中的外摆腿和里合腿的劈腿方法，只是在下落时是向前方劈下，分别称为外摆劈腿（由内向外摆）和内摆劈腿（由外向内摆）。

（7）在实际比赛中，自己使用下劈腿，对方往往会头部向后移动来躲避，此时有经验的运动员常常会在下劈时距离对方面部很近时，有一个向前的蹬踏动作，就好像腿长了一截似的，使对方躲闪不及而被击中面部，这要求使用者要有较好的柔韧性和控制腿的力量。

（8）用下劈腿主要攻击对方面部。

3. 易犯错误与纠正

（1）起腿高度不够。

（2）支撑腿没有积极配合身体向上和向前移动，“拖”在了后面。

（3）下劈时，为控制好身体重心而使重心向前压过多。

（4）上体过于后仰，使得下劈力量不足。

4. 腾空下劈腿

动作过程：

左架准备姿势站立，先将身体重心移至左腿，右腿提膝向上，身体向上跃起，同时左脚蹬地起跳腾空，左腿使用下劈的技术向前击打对方面部。

要领：腾空下劈常常用在与对方处在中远距离时，要求两臂有力上摆，配合右腿上提和左腿蹬地而使身体迅速腾空，主要攻击对方面部。

易犯错误与纠正：上体在提膝腾空时过于后仰或是举腿高度不够，使下劈腿时下劈力量不足。

5. 练习步骤

（1）开始练习时可扶物先练提腿、提膝和上举腿。

（2）练习下劈腿的动作。

（3）完整练习下劈腿动作。

（4）练习外摆腿和内摆腿的下劈动作。

（5）左架右架都可以同时练习。

（6）练习腾空下劈。

（7）用脚靶进行下劈的固定靶和反应靶的练习。

6. 战术训练方法

（1）对方旋踢时用下劈腿反击：甲乙双方右架闭式，乙方用旋踢进攻甲，甲立即使用下劈腿反击乙头部。

（2）在分开时使用下劈腿：在比赛中双方在一个回合交战后贴在了一起，在即要分开的一刹那用下劈腿技术攻击对方。

（3）用旋踢调动对方，再用下劈腿攻击：甲乙右架闭式站立，甲方先使用旋踢假进攻先调动乙，乙后撤步使用旋踢反击甲，甲则立即用下劈腿攻击乙的头部。

后旋和侧踢

❖ 后旋踢（简称后旋）

后旋是跆拳道比赛中常用的动作之一，也是运动员反击对方进攻的主要技术。

1. 动作过程

（1）右架站立，以左脚尖为轴，左脚跟外旋，重心移至左腿。

（2）身体向后方转动，同时提起右大腿向斜后方 40 度左右蹬伸，头部向右后方转动。

（3）身体继续旋转，右腿借旋转的力，向后画一个半圆形的水平弧线，快速屈膝用脚掌击打对方头部。

（4）击打后，身体重心依然在左腿上，右脚自然落下，还原成右架准备姿势。

2. 要领

（1）右腿并不是抡圆了去画弧，在开始时有一个向斜后方蹬伸的动作。

（2）身体向右后方向转动时，同时要快速提起右腿。

（3）身体转动时，头部配合同向转动。

（4）小腿在开始时要自然放松，在接触对方头部前瞬时绷直脚面，用脚掌呈水平弧线鞭打。

（5）动作熟练时，转身与后蹬接摆动应是同时进行的。

（6）左腿应积极配合髋部的转动，在完成整个动作之前，重心一直落在左脚掌半前部分。

（7）用后旋主要攻击对方的面部。

3．易犯错误与纠正

（1）右腿抡圆了去画弧，在开始时没有一个向斜后方向蹬伸的动作。

（2）身体向右后方向转动时，提起右腿的速度过慢。

（3）身体转动时，头部没有配合同向转动。

（4）小腿在开始时没有放松而完全绷紧。

（5）左腿没有积极配合髋部的转动，左脚太“死”。

（6）右脚鞭打对方头部后，身体没有继续旋转，右腿直接斜下方向落地，不能用脚掌呈水平弧线鞭打，造成过早翻转身体而使重心过于偏后。

4．步骤

（1）支撑脚前脚掌着地转动，转身同时向后蹬伸腿。

（2）右腿向后摆动。

（3）先练习身体原地转动 360 度，右脚开始摆动时不要求高度，熟练后再逐渐升高摆动高度。

（4）进行完整的后旋踢动作练习。

（5）熟练后可练习左架的后旋踢。

（6）用脚靶进行后旋踢固定靶和反应靶的练习。

5．战术训练方法

（1）对方旋踢进攻时用后旋踢反击：甲乙右架闭式站立，乙方用旋踢进攻甲，甲立即使用后旋踢反击乙头部。

（2）对方下劈进攻时用后旋踢反击：甲乙右架闭式站立，乙方用下劈进攻甲，甲方即使用后旋踢反击乙的头部。

（3）对方前旋踢进攻时用后旋踢反击：甲乙右架闭式站立，乙方用前旋踢进攻甲，甲方即使用后旋踢反击乙的头部。

（4）甲用假旋踢进攻乙，乙反击旋踢时，甲用后旋踢反击乙：甲先用假旋踢进攻，乙后撤步使用旋踢反击甲，甲立即用后旋踢反击乙。

❖ 侧踢

主要用来阻挡对方进攻，不是主要得分动作。

1. 动作过程

（1）右架准备姿势站立，将重心移至左腿，同时以左脚前掌为轴脚跟内旋。

（2）直线提起右大腿，弯曲小腿同时向左转髋，身体右侧侧对对方。

（3）膝盖方向朝内，勾脚面，展髋，走直线平蹬出右腿，用脚掌外侧攻击对方。

（4）右腿自然落下，平撤回原位。

2. 要领

（1）侧踢同中国散打中的侧踹。

（2）也可用前腿（左腿）直接侧踢对方。

（3）左脚一定要配合积极向前移动。

（4）用侧踢主要攻击对方两肋部、胸腹部。

3. 易犯错误与纠正

（1）击打对方时，髋部没有展开，致使击打力度不够。

（2）大小腿折叠不够，或是蹬出的速度不快。

4. 练习步骤

（1）先练习提腿转髋。

（2）再练习平蹬腿。

（3）完整练习侧踢。

（4）练习前腿的侧踢。

（5）练习侧踢击头。

（6）用护具或沙袋进行侧踢的练习。

5. 战术的练习

（1）乙用旋踢时，甲用侧踢阻击。

（2）甲先用前旋踢击打对方，对方后撤后反击，自己则立即用前腿侧踢阻击。

（3）用下劈进攻对方，对方后撤后反击，自己则立即用前腿侧踢阻击。

（4）先用旋踢进攻对方，对方后撤后反击，自己则立即用前腿侧踢阻击。

双飞踢（双旋踢）与鞭踢

❖ 双飞踢（简称双飞）

双飞踢是跆拳道比赛中较为常用的动作之一，也是运动员得分的主要技术。

1. 动作过程

（1）右架站立，重心移至左腿。

（2）提起右大腿使用旋踢，然后在右脚未落下时，立即提左腿使用旋踢，也就是连续使用两个旋踢。

（3）击打后，两脚自然落下，还原成右架准备姿势。

2. 要领

（1）一般来说，在中远距离时是使用双飞踢的较好时机，双飞踢中的第一个旋踢常常是为了找到合适的距离或破坏对方的进攻，以利于第二个旋踢。

（2）击打第一个旋踢时身体可稍后仰，以利于第二个旋踢。

（3）两腿交换之后，髋部要快速扭转。

（4）小腿弹出后，在弹直的一刹那，要有一个制动的过程，使脚产生鞭打的效果。

（5）双飞踢主要攻击对方的胸腹部、两肋部和面部。

3. 易犯错误与纠正

（1）第一旋踢完全没有做出来，只是前踢了一下。

（2）两腿交换之间髋部扭转过慢。

（3）身体过于后仰。

4. 训练步骤

（1）熟悉左架旋踢和右架旋踢。

（2）利用交叉脚靶完成学习双飞踢动作。

（3）利用护具练习双飞踢，配合者原地快速换位。熟练双飞踢后可练习三飞踢（连续三飞踢，前两个旋踢是赶距离，主要还是第三个旋踢击打得点）。

（4）熟练双飞踢后还可练习第二旋踢击打头部（高旋踢）。

5. 战术训练方法

（1）甲乙双方右架闭式站立，甲先用假旋踢迫使乙后撤，甲再用双飞踢进攻。

（2）甲乙双方右架闭式站立，甲先用假下劈迫使乙后撤，甲再用双飞踢进攻。

（3）甲乙双方右架闭式站立，乙方原地换位的一刹那，甲方立即使用双飞踢。

❖ 鞭踢（勾踢）

使用前腿击打，是在跆拳道比赛中不常用的动作。

1. 动作过程

（1）右架站立，重心移至左腿，以左脚掌为轴脚跟内旋。

（2）身体向左方转动，同时提起右大腿向前，头部向左方转动。

（3）右腿膝盖朝内扣，右小腿由外向内有一定弧度的摆动并伸小腿，身体随之侧倾。

（4）突然屈膝，用脚掌向右横着鞭打对方面部。

（5）击打后，右脚自然落下，还原成右架准备姿势。

2．要领

（1）为增加击打力度，右腿应先由外向内有一定弧度的摆动，再突然向右方鞭打。

（2）击打时，小腿和足尽量横着鞭打。

（3）身体转动时，头部配合同向转动。

（4）开始时小腿要自然放松，在接触对方头部前再瞬间绷紧脚面，用脚掌击打。

（5）左脚应积极配合髋部的转动，调整好身体重心。

3．易犯错误与纠正

（1）右腿直着伸出，没有一定的摆动。

（2）开始时小腿过于紧张而没有自然放松，小腿和脚掌没有横着鞭打。

（3）身体转动时，头部没有配合同向转动。

4．练习步骤

（1）开始练习时可手扶支撑物，体会向前蹬腿的感觉。

（2）练后用小腿鞭打。

（3）进行完整的鞭踢动作练习。

（4）左架右架都可以同时练习。

（5）两人用脚靶配合练习，开始先固定靶，然后反应靶练习。

5．战术训练方法

（1）甲乙双方右架闭式站立，乙用前旋踢进攻，甲使用前腿的鞭踢反击对方面部。

（2）甲乙双方开式站立，甲先用侧踢迫使乙后撤，乙后撤后立即使用旋踢进攻，甲则使用鞭踢反击。

前旋踢和转体旋踢（旋风踢）

❖ 前旋踢

前旋踢是跆拳道比赛中较为常用的动作之一，也是运动员得分的主要技术。

1. 动作过程

（1）左架站立，左腿向前垫步，将身体重心移至左腿。

（2）提起右腿，向前送髋，大小腿稍折叠。

（3）绷紧脚面，右膝向内，快速弹出小腿。

（4）右腿自然下落，两脚同时后撤一步，还原成左架准备姿势。

2. 要领

（1）前旋踢与旋踢相似，由于用前腿击打，距离对方很近，动作较隐蔽，很难使对方察觉，缺点是攻击力度小。

（2）后脚一定要配合积极向前移动。

（3）左脚的小腿要快速弹出，尽量增加鞭打力量。

（4）在击打的一刹那，膝盖方向朝向对方的腹部。

（5）小腿弹出后，在弹直的一刹那，要有一个制动的过程，使脚产生鞭打的效果。

（6）用前旋踢主要攻击对方的胸腹部、面部和两肋部。

3. 易犯错误与纠正

（1）小腿直接伸直接触对方，使击打力度不足。

（2）垫步的动作幅度过大，动作隐蔽性不强。

（3）髋部没有前送，腿的长度没有被充分利用。

4. 练习步骤

（1）侧平举起右腿，大小腿折叠，只练弹出小腿。

（2）练习垫步。

（3）完整练习前旋踢。

（4）右架动作熟悉后练习左架动作。

（5）熟悉后练习前旋踢击头。

（6）练习前旋踢击腹后右腿不落地而直接使用前旋踢踢击对方面部。

（7）用脚靶进行固定靶和反应靶练习。

（8）同伴穿护具进行反应护具的练习。

5. 战术训练方法

（1）甲乙双方闭式站立，乙方原地换位时，甲立即使用前旋踢突然击打对方胸腹部或头部。

（2）甲乙双方闭式站立，乙方前跃步准备进攻的一刹那，甲立即使用前旋踢。

（3）甲乙双方闭式站立，乙方旋踢进攻，甲快速后撤一步，立即使用前旋踢反击乙方。

（4）甲右架，甲乙双方闭式站立，乙方使用前腿的下劈腿进攻甲，甲身体向左侧移的同时，使用前旋踢反击乙方。

❖ 旋风踢

旋风踢也称后转体旋踢，是跆拳道比赛中常用的动作之一。

1. 动作过程

（1）甲乙双方闭式站立，甲右架站立，以左前脚掌为轴脚后跟外旋，重心移至左腿。

（2）身体右后转约 360 度，右腿也随着向右后转动。

（3）身体稍后仰，右腿下落的同时，左脚蹬地使用左腿旋踢技术。

（4）击打后，两脚自然落下成右架。

2．要领

（1）旋风踢主要用在中远距离时使用。

（2）提起右腿向后转动时，右腿围绕着左腿转动。两大腿内侧之间的距离不应过大。

（3）为保持重心，躯干应稍向后倾。

（4）击打时左脚脚面稍绷直，但踝关节要放松。

（5）左小腿弹出后，在弹直的一刹那，要有一个制动过程，使脚产生击打的效果。

（6）左脚应积极配合身体的转动，以左脚前掌为轴转动。

（7）用旋踢主要攻击对方胸腹部、面部及两肋部。

3．易犯错误与纠正

（1）躯干没有稍后倾，上体前压，使腿的长度没有被充分利用。

（2）左腿大小腿折叠不够，击打力度不够，小腿弹出后，在弹直的一刹那，没有一个制动的过程。

（3）左脚击打时脚面没有绷直。

（4）左腿没有积极配合身体的转动，左腿太“死”。

4．练习步骤和方法

（1）先练旋踢，待熟练后再开始练旋风踢。

（2）练习原地转身，右腿要主动配合转动。

（3）完整练习旋风踢。

（4）右架旋风踢熟练后再练习左架旋风踢。

（5）左右架交替练习，两个动作之间要向前上一步，使左右旋风踢能够连接起来。

（6）脚靶配合练习旋风踢。

（7）结合步法移动（前进、后撤、侧向移动）进行旋风踢的练习。

（8）用沙袋进行旋风踢的练习。

5. 战术训练方法

（1）在对方原地换位的一刹那进攻旋风踢：甲乙双方开式站立，乙方为了防止甲后腿旋踢而原地换位，甲方立即使用旋风踢。

（2）用身体晃动调动对方，在对方后撤一步时使用旋风踢：甲乙双方右架闭式站立，甲用身体晃动的假动作调动乙，使乙以为甲要进攻向后撤一步。甲立即进攻旋风踢。

（3）连续两个旋风踢，甲使用左架旋风踢进攻乙，乙后撤，甲快速上一步，使用右架旋风踢击中乙。

拳进攻

拳进攻是跆拳道比赛中较为常用的动作之一，但往往很难得点，不是运动员得分的主要技术，它主要用来防守和配合腿的进攻。运动员右架站立，左手拳则为前手拳，右手拳则为后手拳。

1. 后手拳的动作过程

（1）右架站立，右脚向后蹬地，腰部与上体快速有力地向后左前方转动，借以增加出拳的速度和力量。

（2）在右脚蹬地的同时，右臂快速前伸，肘关节抬起，前臂内旋，拳心向下方转动，使拳面、前臂、肘关节与肩成一条直线并处在一个水平面上。

（3）同时身体重心移至左腿上，用拳击打对方胸腹部。

（4）在击打中目标后，有一个制动的过程，然后手臂迅速放松，并借左腿的支撑力量将手臂收回，恢复成右架准备姿势。

2. 要领

（1）用拳击打对方护具的一刹那，腕关节要紧张，将拳握紧，同时憋气，以加大出拳的力量。

（2）拳进攻主要在双方距离较近时使用，击打时要准备立即起腿进攻或反击。

（3）也可以用前手拳击打，一般是为了在距离较近时，出拳击打后使两人之间的距离拉大，于是乘机使用腿攻技术，并使用下压腿、旋踢等。

3. 易犯错误与纠正

（1）用拳击打时腕关节放松了。

（2）出拳时，没有用力蹬腿和快速转腰，使得出拳无力。

4. 战术训练方法

（1）双方运动员互相贴在一起，甲出拳击打乙方护具。

（2）甲乙右架站位，乙旋踢进攻，甲用左臂格挡乙腿，同时用右腿出拳击打乙护具，然后迅速提右腿使用旋踢进攻。

（3）双方运动员互相贴在一起，甲出拳击打乙方护具后立即提腿使用内摆下压击打对方面部。

防守技术

在跆拳道技术体系中，防守技术是不可缺少的内容，从得分和不失分的角度来看，它与进攻技术同样重要。在比赛中，如果得分多，而失分更多，则还是输；如果在得分的同时又能很好地防守对方的进攻并能抓住机会反击，获胜的把握就更大一些，因此在进行跆拳道技术训练时，要把防守技术作为一项重要内容来练习。跆拳道的主要防守方法有三种：一是利用闪躲、贴近等方法，通过脚步的移动，使对方的进攻落空；二是利用手臂的格挡阻截对方的进攻；三是以攻对攻，用进攻的方法阻止对方的进攻。

❖ 利用闪躲、贴近等方法进行防守

闪躲就是当对方进攻时通过脚步的移动，向左右两侧或向后闪躲，从而使对方的进攻落空。而贴近就是当对方进攻时快速上步与对方靠贴在一起，使对方由于距离过近而无法发挥进攻的威力。如当乙方使用后腿下压技术进攻甲方时，甲向左侧或右侧移动身体，避开对方的下压进攻；再如当乙方前旋踢进攻时，甲方可快速后撤一步或是立即上前一步，贴近乙方，使其不能用规则允许的踝关节以下的部位击打得分。在比赛中，采用向后撤的方法用在双方运动员都没有开始进攻时，这时两人之间的距离相对较远，后撤较容易使对方的进攻落空，在后撤的同时可使用旋踢、后踢、后旋踢或下压反击对方；采用向两侧移动的方法主要是在化解掉对方进攻的同时，使自己能够在合适的位置上快速有效地击打对方而得点；采用贴近的方法主要是在双方距离较近尤其是在第一次击打，一方想趁距离近、对方需要调整身体重心的时机快速起腿进攻得点，而另一方则立即上步贴近对方。

❖ 利用格挡的方法进行防守

按照防守方向来划分，格挡的方法基本上有向上、向（左右）斜下、向（左右）斜上防守三种。一般来说，运动员采用格挡的方法是出于以下原因：一是对方进攻速度较快，自己来不及使用闪躲、贴近等方法时，下意识地用格挡进行防守；二是已预测到对方使用的技术，使用针对性的格挡是为了迅速做出反击动作，使格挡成为转化攻防的连接技术，为比赛得分创造条件。

这里不提倡防守者把手臂贴放在自身的得分部位上，用以减少对方的击打力度和效果。这样做的后果是：一旦对方击打力量很大，即使不能得点，由于没有缓冲的余地，很容易造成自己手臂甚至身体内部的受伤；而且不利于自己迅速做出反击动作。

1. 向上格挡

动作过程：

右架准备姿势（以下均同）。左手握拳由下至上，用左前臂上架格挡，或是右手握拳，用前臂上架格挡，在手臂上架的同时，肘部向内侧移动，即应有一个向上并向外横拨的动作。一般来说，运动员右架站立时，用左前臂格挡，则有利于后腿（右腿）的进攻，进攻动作有旋踢、下压等；若运动员用右前臂格挡，则有利于前腿（左腿）的进攻，进攻动作有前旋踢、侧踢、下压等。

要领：

（1）抬臂要迅速，前臂弯曲上架，头部尽量后仰，不要与上架的臂在一个垂直面上，以免对方下压力量太大，自己前臂不能有效格挡时，面部不至于被对方打中。

（2）如果单纯只是上架，对方就会借力保持身体重心并快速收腿以连接下一个动作，这样对自己非常不利。正确的方法是向上格挡时手臂要有一个向上并向外横拨的动作，使对方借不到力而不能快速调整好身体重心。

（3）快速向上格挡的同时就准备实施反击，要在对手调整好重心或连接下一个动作之前进行反击。

易犯错误与纠正：

（1）向上格挡的同时没有向外横拨。

（2）只是单纯上架，没有立即反击。

（3）上架时手臂和头部在一个垂直面上，一旦对方下压力量太大，自己的面部也被对方击中。

用法：

防守对方的下压进攻。

2. 向（左右）斜下格挡

动作过程：

右架准备姿势（以下均同）。左手握拳由上至下，用左前臂向左斜下方格挡，或是右手握拳，用右前臂向右斜下方格挡。一般来说，运动员用左前臂格挡，则有利于后腿（右腿）的进攻，进攻动作有旋踢击腹或击头、下压等；若运动员用右前臂格挡，则有利于前腿（左腿）的进攻，进攻动作有前旋踢、旋踢、侧踢、下压等。

要领：

（1）向左（右）斜下格挡时，要有力、短促，格挡幅度要小，格挡后手臂不要再有一个向外撩的动作。

（2）在左（右）前臂格挡的同时，身体要有一个向格挡的反方向移动的动作，与对方踢过来的腿有一定的距离。否则，如果对方腿击打的力量较大，很容易连同手臂、护具一起被击打。

（3）向左（右）斜下格挡同时，也是自己迅速做出反击动作的最好时机之一。

（4）格挡对方的部位是其腿的胫骨以下的部位。

（5）在向（左右）斜下格挡的同时，要防止对方借力使用高前旋踢击头动作。

易犯错误与纠正：

（1）向左（右）斜下格挡时，格挡幅度过大，格挡后手臂还有一个向外撩的动作，使对方有时间调整身体重心。

（2）在左（右）前臂格挡的同时，身体没有向格挡的反方向移动，在对方腿击打的力量较大时，连同手臂、护具一起被击打。

（3）向左（右）斜下格挡的同时，自己没有迅速做出反击动作，错过了得点的时机。

用法：

防守对方的击打腹部的旋踢、前旋踢进攻。

3. 向（左右）斜上格挡

动作过程：

右架准备姿势（以下均同）左手握拳由下至上，用左前臂向左斜上方格挡，或是右手握拳，用右前臂向右斜上方格挡。一般来说，运动员用左前臂格挡，则有利于后腿（右腿）的进攻，进攻动作有旋踢击腹或击头、下压等；若运动员用右前臂格挡，则有利于前腿（左腿）的进攻，进攻动作有前旋踢、旋踢、侧踢、下压等。

要领：

（1）向左（右）斜上格挡时，要有力、短促，格挡幅度要小，格挡后手臂不要再有一个向外撩的动作。

（2）在左（右）前臂格挡的同时，身体（尤其头部）要有一个向格挡的反方向或向后移动的动作，与对方踢过来的腿保持一定的距离，即格挡的前臂不要与头部在一个水平面上，否则如果对方击打的力量较大，很容易连同手臂、头部一起被击打。

（3）向左（右）斜上格挡同时，也是自己迅速做出反击动作的较好时机。

（4）格挡对方的部位是其腿的胫骨以下部位。

（5）在向（左右）斜下格挡的同时，要防止对方借力使用侧踢阻击动作。

易犯错误与纠正：

（1）向左（右）斜上格挡时，格挡幅度过大，格挡手臂还有一个向外撩的动作，使对方有时间调整身体重心。

（2）在左（右）前臂格挡的同时，身体或头部没有向格挡的反方向移动，或头部没有向后移动，在对方腿击打的力量较大时，连同手臂、头部一起被击中。

（3）向左（右）斜上格挡的同时，自己没有迅速做出反击动作，错过了得点时机。

用法：

防守对方的击打胸部、头部的高旋踢、高前旋踢、后旋踢、双飞击头进攻。

❖ 利用进攻动作进行防守

就是在对方进攻的同时，防守者也使用进攻的动作，即以攻代守。这种防守的方法在当前跆拳道比赛中被广泛使用，原因在于：当对方进攻时，身体重心发生了移动，他必然有一个调整身体重心的阶段，防守者抓住此阶段实施进攻动作，会使得进攻者往往无法快速回撤身体而陷于被动或者失分。此时防守者的进攻动作属于后发制人的动作，与平常使用的进攻动作在移动方向或身体姿势上有一定的差别。如双方闭式站位，对方使用旋踢进攻，自己使用旋踢反击，由于对方先动，自己后动，要想自己不失分而又能有效击打对方，就必须向后撤的同时做出旋踢动作。又如当对方使用下压进攻时，自己此时使用后踢或旋踢进攻，即使能有效击打对方，自己也容易被对方击打中头部。此时若自己也快速起腿使用下压就是很保险的防守，即使劈不中对方，也会有效地阻止住对方的进攻。

跆拳道的组合技术

组合技术，就是根据比赛中攻防情况的变化，将两个以上的动作组合在一起的连接技术。由于跆拳道比赛的日趋激烈，运动员的技术水平越来越接近，可能运动员在进攻的同时就要防守，或是在防守的同时就要反击。使用单个的技术，往往会被有经验的选手化解或反击，为了战胜对手，就必须在熟练掌握单个基本技术的基础上，掌握一些组合技术，使对手在短时间内很难适应。当然这些组合技

术也不是一成不变的，运动员在比赛中要根据场上的具体情况，灵活多变地运用组合技术，使对手摸不清自己技术动作的规律，借以达到出奇制胜的目的。

按攻防性质来划分，组合技术概括起来大致有五种类型：进攻防守（先进攻再防守）、进攻进攻（连续进攻）、进攻技术防守技术进攻技术（主动进攻后立即防守反击）、进攻技术进攻技术防守技术（连续进攻后再防守）、防守技术进攻技术（先防守再反击）。

在跆拳道比赛中，进攻的同时可以使用格挡方法进行防守；在防守的同时可以反击。就同一个动作来说，既可以用来进攻，又可以用来防守，这就要求运动员不能死搬硬套，要根据实际情况灵活运用。运动员在练习组合技术和比赛中要注意的问题是：

1. 掌握至少两种绝招组合技术。一般来说，在比赛中能得点的常常是自己的绝招组合技术，这要求运动员在训练中要使自己的绝招组合技术精益求精，并能够在比赛中运用。

2. 在熟练掌握自己常用组合技术的同时，要基本掌握一两种相近的组合技术，以防备在对手了解了自己的得点组合技术时，能够随机应变。如经常使用旋踢结合后踢的组合技术，如果对手了解了，他就会先向后撤一步，躲闪掉你的旋踢，此时如果你突然变成旋踢结合外摆下压，则使得对手防不胜防。

3. 在比赛中，要及时抓住第二回合（第二次进攻）甚至第三回合的得点机会。

❖ 进攻结合防守技术

此种组合在跆拳道比赛中被运动员广泛使用。其特点是先主动进攻，如果一旦没有得点，则立即使用防守技术来保证自己也不会失点。他要求使用者在进攻时速度要快，尽量使自己第一次进攻（也称第一回合或打第一点）能够有效击中目标而得点，一般来说，如是第一个进攻动作直接得分，则一般应贴住对方或立即回撤；若是没有得点，在对方反攻的一刹那，使用防守技术阻击对方。

如：

1．右腿旋踢左腿后踢。
2．左腿旋踢右腿后旋。
3．右腿旋踢左腿下压。
4．右腿下压左腿后踢。
5．右腿下压左腿后旋。
6．左右双飞左腿后踢。
7．左右双飞左腿后旋。
8．左右双飞左腿下压。
9．左腿前旋踢右腿后踢。
10．左腿前旋踢右腿后旋。
11．右腿前旋踢右腿下压。
12．右腿旋踢右腿侧踢。
13．右腿下压左腿下压（两个下压都可以用前腿或后腿）。
14．右腿下压右腿侧踢。
15．左右双飞右腿侧踢。
16．左腿前旋踢左腿侧踢。

❖ 进攻技术结合进攻技术

此种组合在跆拳道比赛中被运动员广泛使用。其特点是连续主动进攻，如果第一点没有得点，则立即使用第二个进攻动作来击打对方。一般来说，当运动员使用第一点击打时，防守者的防守情况大致有：（1）防守者主动后撤的速度比较快，进攻者第一点落空，进攻者使用第二次击打时速度要更快，否则很容易被反击；（2）防守者后撤速度慢而失点，此时他往往会立即转入进攻，争取也能得点，而进攻者的第二次进攻就起到了防守作用，如果使用下压等击头动作，有可能使对方来不及躲闪再次失点或被击头。此时进攻者的第二次进攻要防备对方的击头动作；（3）若进攻者使用第一点击打时，防守者立即反击而使进攻者失点，此时进攻者的第二次进攻则起到了争取得点的作用。

1. 左腿旋踢右腿旋踢

要求：（1）第一个旋踢要真做，若是能直接得分，则一般应上前贴住对方；（2）若是第一个旋踢假做，则主要是使对方后撤，再立即使用第二个旋踢继续进攻得点。此时则应注意对方使用后踢、后旋或下压腿等反击动作。

2. 右腿前旋踢左腿旋踢

要求：（1）第一个旋踢要真做，若是能直接得分，则一般应上前贴住对方；（2）若是第一个旋踢假做，则主要是使对方后撤或换位后撤，再立即使用后退旋踢继续进攻得点。此时应注意对方使用后踢、后旋动作。

3. 左腿前旋踢右腿高旋踢

要求：（1）前腿旋踢要真做，若是能直接得分，则一般应上前贴住对方；（2）若是前腿旋踢没有得点，在对方反击的一刹那，使用高旋踢进攻对方；（3）若是前腿旋踢假做，则主要是使对方后撤，再立即使用高旋踢继续进攻得点，此时则应注意对方使用后踢、后旋动作。

4. 左腿下压右腿旋踢。
5. 左右双飞右腿旋踢。
6. 左右双飞左右双飞。
7. 左右双飞左腿下压。
8. 右腿前旋踢右腿前旋踢。
9. 左腿前旋踢右腿下压。
10. 右腿前旋踢左右双飞。
11. 右腿下压左右双飞。
12. 左腿旋踢左右双飞。
13. 左腿旋踢右腿下压。
14. 左腿下压右腿高旋踢。
15. 左右双飞右腿高旋踢。
16. 左右双飞右腿前高旋踢。
17. 右腿旋踢右前旋踢。
18. 右腿下压右腿前旋踢。
19. 左腿旋踢右（或左）高旋踢。

❖ 进攻技术组合防守技术并结合进攻技术

此种组合在跆拳道比赛中被运动员广泛使用。其特点是先主动进攻，如果一旦没有得点，则立即使用防守技术来确保自己也不会失点，如果自己防守时被对方进攻得点，则要立即转入进攻，追击进攻，否则就等于自己白白失了一分。它要求使用者在进攻时速度要快，尽量使自己第一次的进攻（也称第一回合或打第一点）能够有效击中目标而得点，如果此时防守者失点，他往往会立即反击，进攻者则要快速转入防守，如果对方还要进一步追击，即非要“追”回这一点，而进攻者的第二次进攻就起到了防守或再次得点的作用。此时进攻者的第二次进攻要防备对方的击头动作。

1．右腿旋踢左腿后踢右腿旋踢

要求：（1）第一个旋踢要真做，若能直接得分，则一般应上前贴住对方；（2）若是旋踢没有得点，在对方反击的一刹那，使用后踢阻击对方；（3）此时若后踢没有阻击上，则边转体边旋踢。

2. 右腿旋踢右腿下压左腿旋踢。

3. 右腿旋踢左腿后旋踢左腿旋踢。

4. 左腿旋踢左腿侧踢右腿旋踢。

5. 左前旋踢右腿后踢左腿旋踢。

6. 左前旋踢右腿下压左腿旋踢。

7. 右前旋踢左腿后旋踢左腿旋踢。

8. 右前旋踢左腿侧踢右腿旋踢。

9. 左右双飞左腿后踢右腿旋踢。

10. 左右双飞右腿下压左腿旋踢。

11. 左右双飞左腿后旋踢右腿旋踢。

12. 左腿下压右腿后踢左腿旋踢。

13. 右腿下压左腿下压右腿旋踢。

14. 右腿下压左腿后旋踢右腿旋踢。

15. 右腿下压右腿侧踢左腿旋踢。

16. 左腿旋踢右腿后踢右腿下压。

17. 右腿旋踢左腿下压右腿下压。

18. 左腿旋踢右腿后旋踢左腿下压。

19. 左腿旋踢左腿侧踢右腿下压。

20. 左前旋踢右腿后踢左腿下压。

21. 左前旋踢右腿下压左腿下压。

22. 左前旋踢右腿后旋踢左腿下压。 23. 左前旋踢左腿侧踢右腿下压。

24. 左右双飞左腿后踢右腿下压。 25. 左右双飞右腿下压左腿下压。

26. 左右双飞左腿后旋踢右腿下压。 27. 左右双飞左腿侧踢右腿下压。

28. 左腿下压右腿后踢左腿下压。 29. 下压下压下压(两腿轮换做,或一腿连续做两次)。

30. 左腿下压右腿后旋踢左腿下压。 31. 右腿下压右腿侧踢左腿下压。

32. 左腿旋踢右腿后踢左右双飞。 33. 左腿旋踢右腿下压左右双飞。

34. 右腿旋踢左腿后旋踢左右双飞。 35. 右腿旋踢右腿侧踢左右双飞。

36. 左前旋踢右腿后踢左右双飞。 37. 左前旋踢左腿下压左右双飞。

38. 右前旋踢左腿后旋踢左右双飞。 39. 左前旋踢左腿侧踢左右双飞。

40. 左右双飞左腿后踢左右双飞。 41. 左右双飞右腿下压左右双飞。

42. 左右双飞左腿后旋踢左右双飞。 43. 左右双飞左腿侧踢左右双飞。

44. 左腿下压右腿后踢左右双飞。 45. 左腿下压右腿下压左右双飞(两腿轮换做,或一腿连续做两次)。

46. 左腿下压右腿后旋踢左右双飞。 47. 右腿下压右腿侧踢左右双飞。

48. 左腿旋踢右腿后踢左前旋踢。 49. 右腿旋踢左腿下压左前旋踢。

50. 右腿旋踢左腿后旋踢左前旋踢。 51. 左腿旋踢左腿侧踢左前旋踢。

52. 右前旋踢左腿后踢左前旋踢。 53. 右前旋踢右腿下压右前旋踢。

54. 右前旋踢左腿后旋踢左前旋踢。 55. 左前旋踢左腿侧踢左前旋踢。

56. 左右双飞左腿后踢左前旋踢。 57. 左右双飞左腿下压左前旋踢。

58. 左右双飞左腿后旋踢左前旋踢。 59. 左右双飞右腿侧踢左前旋踢。

60. 左腿下压右腿后踢右前旋踢。 61. 右腿下压左腿下压左前旋踢。

62. 左腿下压右腿后旋踢右前旋踢。 63. 右腿下压右腿侧踢右前旋踢。

❖ 进攻技术进攻技术防守技术

在跆拳道比赛中，如果观察到对方常用连续后撤的方法进行防守时，则可使用这种组合。其特点是连续主动进攻，如果由于防守者主动后撤的速度比较快，进攻者第一点落空，则立即使用第二个进攻动作来击打对方，要求两个进攻技术动作连接要快；如果防守者转入进攻，则进攻者的第二次进攻就起到了防守作用；如果防守者再次后撤后，就会进行反击，因为他若不进攻而连续后撤会使自己有被裁判罚判消极的可能；进攻者则使用防守技术进行阻击。因为进攻者连续进攻后，也需要快速调整一下身体重心，否则会被对方乱中取胜。

1. 右腿旋踢左腿旋踢右腿后踢

要求：(1) 第一旋踢要真做，若是能直接得分，则一般应上前贴住对方；(2) 若是第一个旋踢没有得点，对方后撤，则立即使用第二个旋踢进攻得点；(3) 若第二个旋踢没有得点，在对方反攻的一刹那，使用后踢阻击对方；(4) 若是第一个旋踢假做，则主要是使对方后撤，再立即使用第二个旋踢继续进攻得点。此时则应注意对方使用后踢、后旋踢动作。

2. 右腿旋踢左腿旋踢后腿后踢。
3. 左腿旋踢左腿下压右腿后踢。
4. 右腿旋踢左腿双飞左腿后踢。
5. 左前旋踢右腿旋踢左腿后踢。
6. 左前旋踢右腿高旋踢左腿后踢。
7. 右前旋踢右腿下压左腿后踢。
8. 右前旋踢左右双飞左腿后踢。
9. 左右双飞左腿旋踢右腿后踢。
10. 左右双飞左腿高旋踢右腿后踢。
11. 左右双飞右腿下压左腿后踢。
12. 左右双飞左右双飞左腿后踢。
13. 右腿下压左腿旋踢右腿后踢。
14. 右腿下压左高旋踢右腿后踢。
15. 右腿下压左腿下压右腿后踢。

16. 右腿下压左右双飞左腿后踢。
17. 右腿旋踢左腿旋踢左腿后旋踢。
18. 左腿旋踢右腿高旋踢左腿后旋踢。
19. 左腿旋踢右腿下压左腿后旋踢。
20. 右腿旋踢左右双飞左腿后旋踢。
21. 左前旋踢右腿旋踢左腿后旋踢。
22. 右前旋踢左腿高旋踢右腿后旋踢。
23. 左前旋踢左腿下压右腿后旋踢。
24. 左前旋踢左右双飞左腿后旋踢。
25. 左右双飞左腿旋踢右腿后旋踢。
26. 左右双飞左腿高旋踢右腿后旋踢。
27. 左右腿飞右腿下压左右腿后旋踢。
28. 左右双飞左右双飞左腿后旋踢。
29. 左腿下压右腿旋踢左腿后旋踢。
30. 右腿下压左腿高旋踢右腿后旋踢。
31. 左腿下压右腿下压左腿后旋踢。
32. 右腿下压左右双飞左腿后旋踢。
33. 右腿旋踢左腿旋踢右腿下压。
34. 左腿旋踢右腿高旋踢右腿下压。
35. 右腿旋踢左腿下压右腿下压。
36. 左腿旋踢左右双飞右腿下压。
37. 右前旋踢左腿旋踢左腿下压。
38. 左前旋踢右腿高旋踢右腿下压。
39. 左前旋踢右腿下压左腿下压。
40. 左前旋踢左右双飞右腿下压。
41. 左右双飞左腿旋踢右腿下压。
42. 左右双飞右腿高旋踢左腿下压。
43. 左右双飞左腿下压右腿下压。
44. 左右双飞左右双飞右腿下压。
45. 左腿下压右腿旋踢左腿下压。
46. 右腿下压左腿高旋踢右腿下压。
47. 下压下压下压(两腿轮换做,或一腿连续做两次)。
48. 左腿下压左右腿双飞左腿下压。
49. 左腿旋踢左前旋踢右腿后踢。
50. 左前旋踢左前旋踢右腿后踢。
51. 右腿高旋踢右前旋踢左腿后踢。
52. 左右双飞右前旋踢左腿后踢。
53. 左腿下压左前旋踢右腿后踢。
54. 左腿旋踢左前旋踢右腿后旋踢。
55. 右前旋踢右前旋踢左腿后旋踢。
56. 左高旋踢左前旋踢右后旋踢。
57. 左右双飞右前旋踢左后旋踢。
58. 左腿下压左前旋踢右后旋踢。
59. 右腿旋踢右前旋踢左腿下压。
60. 左前旋踢左前旋踢右腿下压。
61. 右高旋踢右前旋踢左腿下压。
62. 左右双飞右前旋踢左腿下压。
63. 左腿下压左前旋踢右腿下压。

❖ 防守技术进攻技术

在跆拳道比赛中，如果观察到对方属于主动进攻类型的运动员，则可使用这种组合。防守结合进攻一般有两种类型，一种是先使用防守技术，然后立即转入进攻；另一种是在防守的同时使用进攻技术，也称为防守反击。在比赛中，防守的方法有手臂的格挡、通过身体、脚步的移动进行闪躲，主要利用技术动作进行阻击防守的方法，原因在于：在阻击过程中，利用技术动作进行阻击防守也可看作是一次被动的进攻，它具备一定的攻击作用，如对旋踢进攻，自己立即使用击头阻击，如果是有效击打，则可使对手失去继续比赛的能力，即使没有得点，也可使对方下次进攻时不敢轻举妄动。

1. 左腿后踢右腿旋踢

要求：（1）在对方进攻的一刹那，使用左腿后踢阻击对方；（2）此时若后踢没有阻击上，则边转边使用右腿旋踢。

2. 左腿下压右腿旋踢。
3. 左后旋踢右腿旋踢。
4. 右腿侧踢左腿旋踢。
5. 左腿后踢右腿下压。
6. 左腿下压右腿下压。
7. 左后旋踢左后下压。
8. 左腿侧踢右腿下压。
9. 右腿后踢左右双飞。
10. 右腿下压左右双飞。
11. 左后旋踢左右双飞。
12. 右腿侧踢左右双飞。
13. 左腿后踢左前旋踢。
14. 左腿下压左前旋踢。
15. 右后旋踢右前旋踢。
16. 右腿侧踢右前旋踢。
17. 右腿后踢左右双飞。
18. 右腿下压左右双飞。
19. 右后旋踢左右双飞。
20. 右腿侧踢左右双飞。

跆拳道技术训练

跆拳道技术的教学是使学生学习并掌握完整的跆拳道技术，形成一定的跆拳道运动技能，并且通过技术训练不断提高学生的身体机能，学习和掌握跆拳道的理论知识，增强自身的自信心；而跆拳道则要通过技术训练，不断地提高技术运用水平，培养良好的训练和比赛作风，为创造优异运动成绩打下坚实的基础。

进行跆拳道技术训练必须遵循运动技能形成的规律，任何一个跆拳道动作的掌握，都要经历由开始学习时的粗略形成技术阶段，到改进提高技术阶段，直至巩固运用技术阶段。在这三个阶段的训练过程中，要采用的一般训练方法有：讲解法、示范法、分解法、完整法、重复法、间歇法、变换法、游戏法、比赛法等。

在跆拳道技术训练中，除了要采用一般训练方法外，还主要采用以下几种方法：

❖ 慢速、快速重复练习

慢速重复练习适用于运动员学习新的动作。运动员学习新动作时要对动作的规格有明确的要求，如身体的姿势，重心的高低，手臂的位置，步法的移动，腿的动作路线，击打部位，结束姿势等。这将直接影响练习者以后对其他技术的掌握。

在教练员的讲解、示范或经过自学后，一般不要立即快速练习，而要采用慢速度的模仿练习，复杂动作还应分解练习。此时不应过分追求动作的击打力量、速度，不应仔细揣摩动作的发力点、路线和动作要领，一个动作不要在一组中过多地重复次数，要少次数、

多组数。如可将5组10次的练习改换成10组5次，这样可以避免即使动作错了也不会重复过多的次数，同时也可以避免运动员感到枯燥。在组数之间，应让教练和同伴进行指导，或面对镜子，边练边检查，不断地重复正确的动作。

快速重复练习则适用于运动员练习绝招技术。运动员在技战术已达到自动化的程度时，一般要根据自身特点，选择几种在比赛中常用的绝招技术并反复进行强化，此时则需要运动员以最快速度进行重复练习。

❖ 结合身法和步法练习

经过慢速重复性练习基本学会了动作后，则根据实战的需要结合相应的身法和步法进行练习，使技术与实战紧密联系。如练习旋踢技术时，可以练习向前上一步后再进行旋踢练习，或是后撤一步再练习旋踢，或是要求先用身体晃动引动对方。这样可以使运动员避免枯燥的单纯的步法练习，又可以较快地和实战结合起来。

❖ 想象实战练习

运动员掌握了一些基本的技战术后，在自己单独练习时，应假设是在实战中有对手在与自己对抗，对手采用各种战术和技术进攻自己或防守自己的各种进攻技术，自己则从实战出发，选择几组进攻和防守反击的方法，做想象中的个人练习。进行这种练习，可在一次训练课的准备活动的后半部分或实战前以及提高训练强度时采用。

❖ 互不接触的攻防练习

由于跆拳道是两人的直接对抗，为减少不必要的受伤情况的发生，在训练中要求两人一组，一方主动进攻，另一方防守反击，或是两人按照比赛的要求进行互不接触的实战，也就是常说的点到为止。这种练习方法可以消除初学者的害怕心理和预防运动受伤。但在进行时，应要求：

1. 练习者学会保持适当的距离，不要太远或太近。

2. 要求运动员在运动中做出动作。

3. 由于不能真正击打，运动员往往会敢于进攻，而容易忽视实际的攻防转换，因此要防止胡踢乱踢，要仔细揣摩步法和抓住击打时机并借鉴对方的长处。

❖ 固定靶的练习

这是利用沙袋、大脚靶、多层护具等器材作为击打目标的练习。练习的目的不同，方法亦不同。如果要求提高动作速度和击打力度，练习者要快速完成一定时间内某一动作；若只要求提高练习者的动作频率和耐力，则应规定时间和组、次数的要求。另外按照比赛中常用的组合技术布置几组固定组合靶的练习，如 3 ～ 5 名同伴手持不同高度、不同放置角度的脚靶站在一条直线上或不同方向上，由练习者依次踢靶。

❖ 配合“喂招”练习

跆拳道训练非常重视并经常采用脚靶、护具的喂招练习。要求配合者手持脚靶，配合练习者进行技术练习，如将脚靶放置与胸齐平，让练习者旋踢；将脚靶放置与头齐平，让练习者练习高旋踢击头动作。护具喂招则是配合者身穿护具，用身体的移动配合练习者的进攻和防守，如配合者上步欲要用旋踢进攻，练习者则立即后踢反击。这种练习不但能够有效提高练习者进攻和防守反击的动作质量，还可以提高练习者击打的准确性、步法的灵活性和良好的距离感等。练习中，还可要求配合者变换喂招的方式，如快速出靶或连续出靶，这样既可以提高练习者的反应速度，又可以使练习者逐步熟练动作之间的连接，从而与实战较快地结合起来。下面即为配合者使用脚靶连续喂招的方法之一：左手旋踢右手下压左手高旋踢右手后踢两手交叉双飞右手向前伸反击旋踢左手后旋踢。

❖ 条件实战练习

即对实战提出要求，限制一些因素进行实战的一种方法。这种练习方法经常在跆拳道比赛中被采用。如果要求双方队员在一个回合中只能运用旋踢进攻和用旋踢反攻；一方只能用前旋踢和下压进攻，而另一方只能用后踢和下压反击，不准主动进攻等。这种方法的优点是针对性强，能有效地训练和提高运动员的某一方面的能力，经常用在实战的初级阶段和战术训练中。条件实战一般包括以下几方面：

1. 同伴配合，创造时机和姿势以便进攻者完成进攻战术。

2. 同伴配合，创造时机和姿势以便进攻者完成防守战术。

3. 同伴配合，创造时机和姿势以便进攻者完成防守反击战术。

4. 同伴配合，不创造时机和完成技术的便利姿势，进攻者用自己的行动创造机会，完成进攻战术或防守战术或防守反击战术。

5. 同伴配合，同时积极地防守，但不全力防守，进攻者全力完成进攻战术或防守战术或防守反击战术。

6. 双方运动员进行实战,一方进攻,一方反击,但都不十分用力。

7. 双方运动员进行实战，限制一方运动员的进攻技术。

8. 双方运动员进行实战，限制一方运动员的防守技术。

9. 双方运动员进行实战，限制一方运动员的防守反击技术。

10. 双方运动员进行实战，限制双方运动员的进攻技术。

11. 双方运动员进行实战，限制双方运动员的防守技术或防守反击技术。

12. 增加难度，与实力高于自己的同伴实战。

❖ 实战练习

运动员掌握并熟练了跆拳道技战术后，要按照规则进行不断的实战，逐步提高技战术的应用能力。要在对抗中，（在与比赛要求一致的情况下）将技战术使用出来，这样才能在实际比赛中达到利用技战术和其他方面的因素战胜对手，获取比赛的胜利。实战的时间可以根据训练的目的进行安排，如 30 秒钟实战，则主要让双方运动员在短时间内学会抓住时机尽可能地多进攻并得分;5 分钟三局实战，则主要使双方运动员在超过正式比赛的时间内，学会在非常疲劳的情况下使用动作战胜对手，并达到培养坚强意志品质的目的。

第三章

跆拳道战术

跆拳道战术概述

战术本是军事用语，运动员在比赛中，根据自己和对手的情况，充分发挥己方特长，限制对方特长，为战胜对手而采取的计策和方法，即为战术。

跆拳道战术的实质在于使运动员能在跆拳道比赛中依据各种可能发生的情况，运用自己平时训练中所练就的各项技能，最有效地发挥自己的优势去战胜对手。

在运用战术过程中，要树立正确的战术思想，体现以我为主、快速灵活的方针，要遵循跆拳道的技术发展变化规律，使战术训练有明确的目的性。

制定和实施跆拳道战术时要注意的事项：

1. 按照攻防兼备的原则制定和实施战术

比赛中，有些运动员一味讲究进攻，不顾防守；有的则单纯防守，不讲进攻，结果使攻防失调，顾此失彼。因此，制定和实施跆拳道战术时要遵循攻防兼顾的原则，攻中有防，防中有攻。

2. 熟悉对手时则事先制定战术

由于每年比赛均是打同一个级别，对对手的长处和缺点都比较了解，所以在比赛前就制定好了比赛的战术，具体针对对手的基本打法、技战术运用特点、主要弱点、精神状态、心理素质、身体状况等制定出自己切实可行的作战方案，真正做到有的放矢。如了解对手擅长防守反击，自己上场就要稳扎稳打，引诱对方主动出击，自己进攻时使用有把握不失分的动作，使对手心情烦躁，失去耐心，这样就占据了主动。

3. 不熟悉对手时，要充分利用一切条件尽可能地掌握对手的基

本情况

对手是今年刚参加这一级别的比赛，或是从低一级升上来，或是从高一级降到这一级别的。由于对对手的情况不太了解，只能根据对手在与其他对手比赛时的观察，或在比赛上场之前的准备活动中和即将上场比赛时了解对手，如观察对手的击靶速度、习惯的技术动作、身材高低等。然后制定初步战术，在比赛开始后的1分钟左右利用试探性的动作，借以大概了解对手的基本情况，如对手是防守反击型的，或是主动进攻型的等，则依据发挥自己的特长，限制对方特长的原则来使用战术，避实就虚，先夺其长，掌握主动权，使其不能发挥技术特长。

4. 按照灵活多变的原理制定和实施战术

比赛中的任何战术都不是万能的。采用固定不变的战术，容易被对方摸到规律，使自己陷于捉襟见肘的困境。如在比赛前对对手有一定的了解，已制定了战术，但由于对手经过一段时间的训练，可能在一些方面发生了改变。如对手原来擅长主动进攻，现在却以防守反击为主，这就要求运动员根据场上的情况变化，因势利导，随机应变，灵活运用和变换各种攻防战术，虚实结合，真假相济，使对方防不胜防。

5. 结合技术和身体素质优势采取战术

如果自己在技术、力量、速度、耐力等某方面占有优势，则可制定和实施能够发挥自身优势的战术。

6. 结合自己的打法和风格采取战术

如有的运动员擅长主动进攻，有的善于防守反击等。比赛时就要根据自己和对方的特点和不足，发挥自己的长处，抓住对方的弱点，以我为主，积极进攻，自始至终掌握比赛的主动权，争取比赛的胜利。

7．实施战术时要勇猛顽强，敢打敢拼

具体实施战术时要有果断大胆、勇猛顽强、敢打敢拼的精神，在瞬息万变的激烈对抗中，临危不惧，临战不乱，保持攻防的合理节奏。一般来讲，面对强手应加强防守，防中有攻，以防守反击为主；面对弱手应积极进攻，攻中有防，以主动进攻为主，此时不能保守，要继续大胆实施战术，要攻防兼备，做到有序进攻，稳妥防守，抓住战机，猛烈进攻。

跆拳道战术训练

战术训练是指为了使运动员掌握最合理的战术手段和方法，培养其运用这些手段和方法的能力，以便发挥自己的特长限制对方特长，为比赛做好战术上的准备而进行的训练。

❖ 进行战术训练的要求

在平时训练中，要注重培养运动员的战术意识，要加强专业理论知识的学习和研究，提高运动员对跆拳道运动现状、发展趋势以及比赛规律的了解与认识，不断提高技战术的运用能力。

在跆拳道训练中，在加强基本技术训练的前提下，要多打和多看比赛，要善于积累经验和总结经验教训，从比赛的胜利和失败中增长知识，努力培养运动员善于处理临场各种情况的能力。

在战术训练中，不仅要求运动员全面地掌握战术的使用方法，还要严格按照比赛的要求去训练，要求战术训练具有较高的质量。

在掌握多种战术的基础上，精选几种战术进行进一步的强化，并且要与组合技术的训练结合起来。

战术是在一定的身体条件、技术水平和心理、智能基础上形成的，并与比赛规则有着密切联系。要把战术训练与身体、技术、心理、智能训练有机地结合起来。要求在掌握了基本技术后再进行这项技术的复习时，与战术结合起来，如复习横踢时，可以设想对手主动进攻，练习者可使用劈腿阻击后再进行横踢。

❖ 跆拳道战术训练的方法

1．假设性空击训练

运动员应假设是与对手在实战中，设想各种情况进行想象空击，也可面对沙袋、树干、假人等目标，采用猛攻猛打、佯攻巧打或躲闪进攻等战术来击中目标。这种想练结合的方法，主要目的是培养运动员的战术意识和掌握各种战术的具体用法。

2．战例分析训练

从比赛录像中选择一些反映战术特点的应用战术较典型的片段，组织运动员观看，或筛选出一个完整的战术进行反复的研究。典型片段可选择那些战术运用好的，也可选择战术运用不当而导致失败的。通过教练员的提问、分析、讲解，使运动员经过讨论得出正确的答案，加深印象。为使分析全面，看完片段后还应把全场比赛连起来看，从局部与全局的观念出发，防止孤立、静止地看问题。

3．模拟训练

模拟训练是由教练员或同伴根据不同对手情况进行模仿的一种针对性专门练习，用以提高运动员的战术适应能力和运用能力，如模拟对手是主动进攻型或是防守反击型，则运用能克敌制胜的战术，以不断提高练习者的适应能力和战术运用能力。

4．按照比赛的要求进行实战

按照竞赛规则的要求和规定，在比赛的条件下训练和培养运动员运用战术的能力，丰富临场比赛经验。也可根据从难、从严、从实战需要出发，安排有特定条件的比赛。如不同体重级别，不同技术水平的对手进行比赛，或一人每局轮战一个对手。

❖ 跆拳道战术的种类

按照跆拳道战术的表现形式，可将常用的跆拳道战术分为以下几种：

1. 直接式进攻战术

指充分发挥自己的技术特长，使用确有把握的特长技术直接进攻对方。使用这种战术主要采用主动创造使用特长技术的条件，得到机会就用特长技术，另外在处于被动地位时，暂时退却、防守，创造条件，一旦机会来临，再用特长技术。这种战术要求自己的动作一定要快，要能及时抓住战机，在特长技术的前后形成一整套方法来对付对手的防守与反攻。一般在具备下列条件时是运用这种战术的较好时机：

（1）当对方的反应速度、动作速度、位移速度没有自己快时；

（2）当对方的攻防动作不够熟练时；

（3）当对方的体力不足时；

（4）当对方的防守姿势出现空隙时；

（5）当与对方的距离能有效地使用进攻动作时。

2. 压迫式强攻战术

压迫型强攻也称猛攻，是一种先发制人的主动进攻，是有计划有准备的战术行动。即在比赛开始后就猛烈进攻，连续使用技术，乘对手还未注意而出其不意、攻其不备，借以扰乱和破坏对方的心理平衡、战术准备和距离感，使对手忙于防守，疲于招架，消耗对手大量体力，这样在短时间内取得绝对胜利或是掌握场上的主动权。

这种战术的优点是直接掌握主动权，迫使对方只能招架，没有反攻的机会，一般使用此种战术是为了了解对手或比赛刚开始接触时就大致判断出对手技术、体力、经验等方面都不占优势，自己有获胜的把握，于是立即采取压迫式的猛攻，以便在短时间内取得绝对胜利；若对手技术战术都好，而体力差，开始就猛攻，不让他有休息及缓和的机会，使对手一直处于被动；若对手经验不足，压迫式的进攻就会使他得不到镇静和思考的时间，会处处被动。

使用这种战术的缺点是使自己的体力也消耗得较快，容易露出破绽，给对手以可乘之机，若对手经验比较丰富则自己容易被对手反攻，或是对手用以逸待劳的战术克制自己。

运用这种战术的较好时机有：

（1）力量、速度、耐力素质比较好，但技术不如对方时；

（2）身体素质好，技术比较全面，但比赛经验不如对方时；

（3）对方的近战能力比较差时；

（4）对方的耐力比较差时；

（5）对方的心理素质比较差时。

3．引诱式进攻战术

随着运动员技术水平的普遍提高，特别是当对方动作反应快，防守能力强时，直接进攻很容易被防守反击。经验较丰富的选手常常采用“声东击西”“指上打下”的战术，采用左右、前后、上下虚晃的动作及指上打下、指下打上、指左打右等假动作。为了引诱对手“上当”，也可以有意露出破绽，给对方进攻的假象，待他失去平衡时再进攻。目的在于转移、分散对方的注意力，促使对方对自己的虚假动作产生某种反应，而改变正确的防守姿势，然后加以利用。

这种战术是跆拳道比赛中最常用的基本战术之一，也是充分发

挥假动作与真动作联合的较好的手段，如要使用后旋踢攻击对方头部，可先用横踢假进攻后立即后撤，等对手追击时则使用后旋踢动作。在跆拳道训练和比赛中，一般采用的引诱式进攻是上下动作结合、左右动作结合、前后动作结合。

一般来说，对手体力好，但技术不太全面，方法变化少，战术不灵活，则可以针对对手使用这种战术。在使用引诱进攻时，自己的动作要快，快在对手前面，否则不易成功。如对手善于用前横踢，自己则可故意与对方闭式站立，诱使对手使用前横踢，然后借机使用后踢动作反击。

4．防守式躲闪和反击战术

当对方正面猛烈进攻时，向前、后、左、右方向移动步子，既可以避其锋芒，又可能制造战机。也可乘对方进攻时，在防守的过程中反击对方。主动进攻需要改变原有的姿势，身体的某些部位必定会产生防守空隙和薄弱环节，如能在防守的同时或之后立即反击，对方很难防守。如对方身高腿长占优势，在其使用横踢时，自己用反击动作很难有效，则可主动向前与对手贴在一起后再打近身战术。移动步子时要注意抓住防守反击的时机，更要注意步法的灵活性和身体位移的突变性。当遇到性情急躁、缺乏比赛经验、喜欢猛攻猛打的对手时，可以反击战术为主，主动进攻为辅。以主动进攻掩盖自己反击战术的意图，同时刺激对方，使其更加急躁，为反击创造条件。

5．克制对方长处的战术

一般来说，每一个运动员都有自己擅长的技术，如有的运动员擅长使用横踢进攻后用后踢反击，有的运动员擅长先用劈腿再使用后旋踢阻击。在比赛中，运动员要能及时发现对方擅长使用的方法，然后及时调整自己的战术，采用相应的方法，制服对方的技术专长，使其不能正常发挥。采用这种战术的方法有：

（1）克制善于打贴身战的对手，可始终与其拉开距离，如用侧踢蹬击等技术。

（2）克制善于打远距离的对手，可使用躲闪战术与对方贴在一起后再使用技术，或是在第一回合击打后，乘双方距离比较近时打第二回合的进攻。

（3）克制擅长主动进攻的对手，可采用自己先进攻，迫使对方防守的战术。

（4）克制擅长防守反击的对手，可引诱对方主动进攻，自己进攻时使用不易被反击的技术。

（5）克制擅长使用某种技术的对手，如对手擅长使用高横踢击头或是擅长劈腿、后踢等，则在比赛中采用相应的克制技术，使对方擅长的技术发挥不出来。

6．集中打击对方短处的战术

几乎每个运动员都有自己的弱点和短处，有的防守能力差，有的不能很好地防守后旋踢，有的耐力差等。可以通过赛前分析对手以往比赛的录像，或是借助于对手同其他选手比赛时进行的观察。而更重要的是在比赛中进行观察，通过第一局中的多次试探性进攻，对对手的弱点迅速做出判断，及时调整自己的战术手段，集中精力专门攻击对手的弱点。同时，自己也要不断地变换方法，以免对方察觉自己的战术意图后故意引诱自己进攻。

7．利用对方习惯性动作的进攻战术

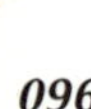

针对对手自然产生的习惯动作，可采用有效的进攻方法。许多运动员在比赛中都存在着一些无意识的习惯性动作。如在即将进攻前，习惯身体晃动几次；或是要后踢反击前，先向前进一步再后撤一步等。运动员要善于观察和及时捕捉这些战机，一旦对方出现习惯动作，则立即发动进攻。

8．边线进攻和防守战术

这是利用跆拳道竞赛规则的要求，逼迫对手出界的战术手段。一种方法是利用主动进攻，有目的地将对方逼迫到边线，造成对方的心理恐慌和担心被罚而导致动作失调，或是多次将对方逼迫出界。如果自己被对方逼迫到边线，要及时用贴身转动，使对方来不及调整而被迫出界。

9．体力战术

这是通过合理地分配体力以取得比赛胜利的战术方法。一场跆拳道比赛共赛 3 局，每局 3 分钟，运动员体力消耗较大。采用体力战术，就是合理地分配体力，每一局用多少体力要根据对手的情况来定。如果对手技术较弱，可以保持体力以技术取胜；如果对手技术好，可以采用消耗对手体力的打法取胜；如果双方实力相当，还应有打持久战的准备。如果知道对手的耐力较差，应打体力消耗战，连续进攻，不给对手喘息的机会，迫使对手体力迅速下降，以此取胜。

各种战术是互相矛盾、相互克制的，正如每个进攻方法都有反攻方法一样，由于跆拳道比赛过程情况复杂、变化多端，对手多种多样，运动员应根据比赛中随时变化的情况，灵活机动地运用一种或综合的多种战术，从而达到预定的比赛目的。

❖ 第二次进攻

第二次进攻（也称为第二回合），是指运动员在第一回合后实施的第二次进攻。所谓第一回合是指一方运动员从准备姿势开始实施进攻或双方运动员同时进攻的阶段。如甲方使用横踢进攻乙方，乙方后撤一步躲闪，这一阶段就称为第一回合；如果乙方后撤一步后立即使用劈腿反击甲方，则属于第二回合。在跆拳道比赛中，从攻防角度来看，进攻时的第一回合一般包括以下形式:运动员或是进攻，如直接使用横踢得点或劈腿攻击对方的面部；或是防守，如对方进攻时，自己后撤一两步，躲闪开对方的攻击；或是防守反击，如对方进攻横踢，自己使用反击横踢反击对方。

1．需要具备的条件

一般来说，从准备姿势开始，双方运动员之间的距离较远，此时主动进攻者直接进攻并且能够得分，一般要具备下列条件之一：

（1）速度快于对手。

（2）身高、腿长占优势。

（3）利用步法的移动运用战术击打第一点，否则就很容易被对手反击。

对于水平接近的运动员来说，第二回合击打的成功率并不是很高。而第一回合的结束也是第二回合的开始。在第一回合，一方或双方为了击打对方而得点，往往会通过步法移动来接近对方，这就为一方运动员在第二回合中有效击打对方创造了有利条件。由于第一回合中双方都有一个移动身体重心的过程，在第二回合开始时双方都需要快速调整重心，另外又由于双方距离比较近，任何一方的快于对方的起腿击打都有可能形成有效击打而得点。因此，运动员必须重视第二次进攻的训练。

2．训练中应注意的问题

（1）通过实例和各种途径使运动员认识到必须重视第二次进攻的重要性，努力培养其第二次进攻的意识。

（2）要将第二次进攻训练与战术训练、组合技术训练有机地结合起来。

（3）要掌握具体的第二次进攻的手段和方法，根据能够发挥自身特点和优势的原则来选择第二次进攻的技术动作。

第四章

跆拳道基础品势

什么是跆拳道品势

品势在跆拳道中是非常重要的，但很多跆拳道爱好者在练习品势的过程中不知道品势是什么、为什么要练品势、如何才能练好品势等问题。为了加深跆拳道爱好者对品势的理解，对品势做如下说明。

品势是什么？品势是根据基本动作把防御和攻击做成套路来训练的练习体系。品势是假设真实格斗，当对方攻击时反击的技法。即先定好对方的攻击，利用适当的技术练习的训练体系。品势按修炼者的实力与级别来分配，一种品势可由 20 ～ 30 个技术动作组成。

品势的解释和意义：品势 = 品（样式）+ 势（气势）。品势的名称有着很重要的意义。品势是由“品”和“势”结合而成。品指的是“模样”，势指的不只是“气势”。从上述名称不难看出，品势不只是外形技术动作，更要表示其动作的气势。品势不只要外形漂亮，更要结合内在气势，这才是正确的。相信大家把对品势的理解和实际品势结合在一起的话，会懂得如何去练习。

做品势的理由：我们做品势并不只是为了应付审查。我们练品势是有目的的。它是理解跆拳道的全面技术和如遇到危险情况时的对应训练。特别是跆拳道的全部技术都是由腿法为主的对练和表演训练构成。而品势因为是由手、拳、腕、肘等上肢动作组成的，所以在弥补上肢技术的时候起到很重要的作用。品势是考虑到紧急关头格斗时的状况后，以自我简便训练的方法来练习。且品势有着随时随地按自己的水准练习，而没有受伤危险的好处。除此之外，品势还有助于发达全身的肌肉和关节的体操效果。

品势的种类：品势种类可按其内容分为公认品势和创作品势。

公认品势是由国技院指定的，在跆拳道修炼过程中必须练习的品势。大家练习的太极 1 ～ 8 场，高丽，金刚，太白等就是公认品势。公认品势是品级审查时指定为考试内容的指定品势。创作品势是把跆拳道技术按照自己的想法改编的品势。每年召开的一些跆拳道大赛中创作品势也有着很大的人气。跆拳操、跆拳舞也是借助品势的形态而编为体操或舞蹈形式的，自由的动作和轻快的节奏很能博得大家的兴致。

品势的形成原理：品势是如何形成的呢？品势是先定好几个基本原则后用攻防技术编成的。如果了解到品势形成的基本原理会在练习品势时起到很大的帮助。

品势的原理由以下几种组成：

1. 每一品级有相应的品势。品势根据修炼者的实力级别而指定。

2. 进行线。每个品势都有自己的一条进行线。比如太极的进行线是“王”字，高丽是“士”字。

3. 品数和动作数。每个品势都有自己的品数和动作数。动作数即是该品势中的整个动作的总和。品数指的是“踢和打”、“踢和攻击”等几个连续动作合为一组。以太极三场为例，第一个动作，前行步下段防御，前踢加上两次正拳攻击。这时候前踢和两次正拳攻击在动作数来说是三个，但作为一种技术而算作一个品。“品”指的是一个以上动作的结束。即站立和手脚攻击防御动作很协调地突然停止的姿势叫品。

4. 防御开始，攻击结束。跆拳道所有品势都是从防御开始到攻击结束。是先定好对方的攻击后，相对地防御以及攻击的顺序，每个品势结束动作为攻击。

5. 左右对称。跆拳道品势是要身体两侧都要熟悉每种攻防技术

的。比如太极。太极 1、2 场的开始部分是“左下端防御 + 右正拳攻击”和“右下端防御 + 左正拳攻击”。可以看出以中央线为轴，两边动作是对称的。

6. 最终回到原位置。结束一个品势后可以看出自己回到最初的出发点。经过前后左右运动后，将回到刚出发的位置（有误差是不可避免的）。

7. 大部分在最后动作加一喊声。每个品势一般都要在最后发一次喊声，但太极 6、8 场，高丽，金刚等品势在中间发喊声。

太极一章

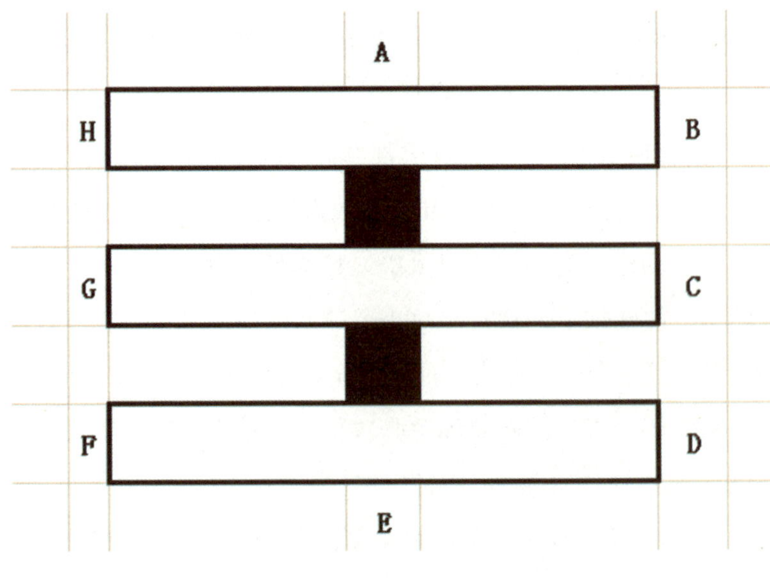

演武线图

准备姿势：站于A方向位置（见太极一章演武线图，以下文中字母，均参见相应的演武线图），两脚与肩同宽，自然站立，两手握拳屈臂于腹前，拳心向内，眼睛平视前方。

1. 左转身体：左脚转向B方向（简称向B，以下同）成左前探步，左臂下截（防左下段），右拳回收腰侧。

2. 右脚向B迈进一步成右前探步，右拳前冲拳（攻中段），左拳回收腰侧。

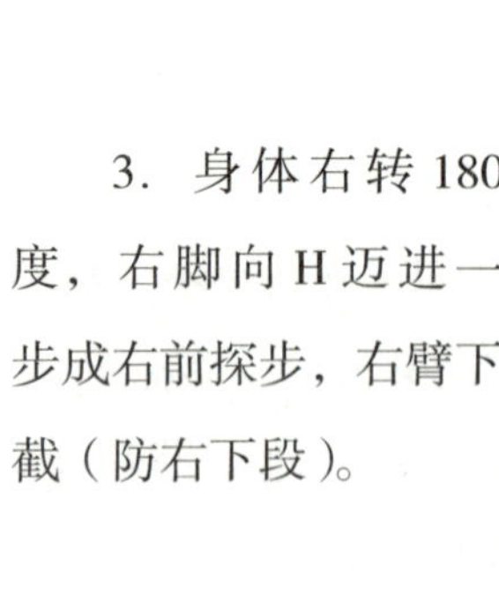

3. 身体右转180度，右脚向H迈进一步成右前探步，右臂下截（防右下段）。

4. 左脚向 H 迈进一步成左前探步，左拳前冲拳（攻中段），右拳回收腰侧。

5. 身体左转 90 度，左脚向 E 迈进成左弓步，左拳屈肘下截（防左下段），右拳回收腰侧。

6. 两脚不动，右拳前冲拳（攻中段），左拳回收腰侧。

7. 左脚不动，右脚向 G 移步成右前探步，身体右转，左臂外格（防左中段），拳心向上，右拳回收腰侧。

8. 左脚向 G 迈进一步成左前探步，右拳前冲拳（攻中段），左拳回收腰侧。

9. 身体，向 C 转 180 度，左脚向 C 迈进一步成左前探步，右臂屈肘向里格挡左拳前冲拳（防中段）。

10. 右脚向 C 迈进成右弓步，左拳前冲拳（攻中段），右拳回收腰侧。

11. 以左脚为轴，身体右转，左脚向 E 移步成右弓步，右臂屈肘上抬至左肩，然后向下截拳（防右下段），左拳回收腰侧。

12. 两脚不动，左拳前冲拳（攻中段），右拳回收腰侧。

13. 身体左转，左脚向 D 移步成左前探步，左臂屈肘上架（防左上段），置于额前，拳心朝外。

14. 上提重心，左脚跟稍提，右脚前踢，两臂下截，置于体侧；右腿下落成右前探步，右拳前冲拳（攻中段），左拳回收腰侧。

15. 以左脚为轴，身体右后转，右脚向 F 移步成右前探步，右臂屈肘上架（防右上段），置于额前，拳心朝外。

16. 上提重心，右脚跟稍提，左脚前踢，两臂下截，置于体侧。左腿下落成左前探步，左拳前冲拳（攻中段），右拳回收腰侧。

17. 以右脚为轴，身体右转，左脚向 A 移步成左弓步，左臂屈肘上抬至右肩，然后向下截拳（防左下段），右拳回收腰侧。

18. 右脚向A迈进一步成右弓步，右拳前冲拳（攻中段）并发声，左拳回收腰侧。

收势：以右脚为轴，身体左后转，左脚向后撤与右脚平行，两手握拳屈臂于腹前成准备姿势。

太极二章

准备姿势：同太极一章。

1. 左转身体向B成左前探步，左臂下截（防左下段），右拳回收腰侧。

2. 右脚向B迈进成右弓步，右拳前冲拳（攻中段），左拳回收腰侧。

3. 以左脚为轴，身体右后转，同时右脚向H移步成右前探步，右臂屈肘上抬至左肩，然后向下截拳（防右下段），左拳回收腰侧。

4. 左脚向H迈进成左弓步，同时左拳前冲拳（攻中段），右拳回收腰侧。

5. 以左脚为轴，身体左转，同时左脚向 E 移步成左前探步，右臂屈肘向里格挡（防中段），左拳回收腰侧。

6. 右脚向 E 迈进一步成右前探步，同时左臂屈肘向里格挡（防中段），右拳回收腰侧。

7．身体左转，左脚向C移步成左前探步，左臂向下截拳。

8．上提重心，左脚跟稍提，右脚前踢，两臂下截，置于体侧。右腿下落成右弓步，同时右拳前冲拳（攻上段），左拳回收腰侧。

9．以左脚为轴，身体右后转，右脚向G移步成右前探步，右臂向下截拳（防右下段），左拳回收腰侧。

10．左脚前踢，两臂下截，置于体侧。左腿下落成左弓步，左拳前冲拳（攻上段），右拳回收腰侧。

11．以左脚为轴，身体左转90度，左脚向E移步成左前探步，左臂屈肘上架（防左上段），左拳置于额前，拳心朝外。右拳回收腰侧。

12. 右脚向 E 迈进，一步成右前探步，同时左臂屈肘上架（防右上段），右拳置于额前，拳心朝外。左拳回收腰侧。

13. 以右脚为轴，身体左后转，左脚向 F 移步成左前探步，右臂屈肘向里格挡（防中段）。

14. 以左脚为轴，身体左后转，右脚向 D 移步成右前探步，右臂屈肘向里格挡。

15. 身体左转，左脚向 A 移步成左前探步，左臂向下截拳。

16. 右脚前踢，两臂下截，置于体侧。右腿下落成右前探步，右拳前冲拳（攻中段），左拳回收腰侧。

17. 左脚前踢，两臂下截，置于体侧，左腿下落成左前探步，左拳前冲拳（攻中段），右拳回收腰侧。

18. 右脚前踢，两臂下截，置于体侧。右腿下落成右前探步，右拳前冲拳（攻中段）并发声，左拳回收腰侧。

收势：同太极一章。

太极三章

准备姿势：同太极一章。

1. 左转身体向B成左前探步，左臂下截（防左下段），右拳置于腰侧。

2. 上提重心，左脚跟稍提，右脚前踢，两臂下截，置于体侧，右腿下落成右弓步，同时右拳前冲拳（攻中段），然后左拳前冲拳（攻中段），右拳回收腰侧。

3．以左脚为轴，两臂下截，置于体侧，身体左后转，同时右脚向 H 移步成右前探步，右臂向下截拳（防右下段），左拳回收腰侧。

4．左脚前踢，两臂下截，置于体侧，左腿下落成左弓步，同时左拳前冲拳（攻中段），然后右拳前冲拳（攻中段），形成连续攻击。

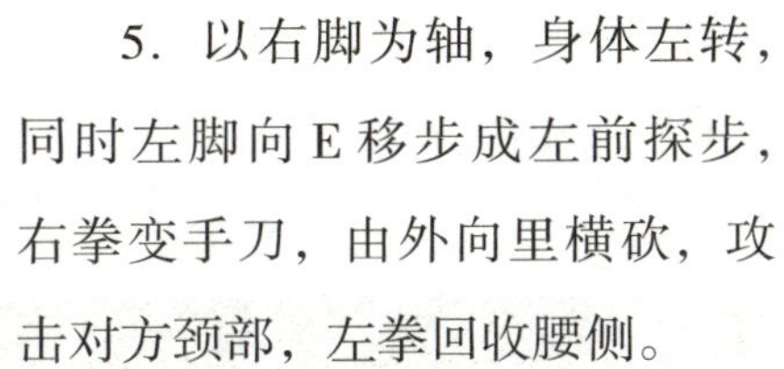

5．以右脚为轴，身体左转，同时左脚向 E 移步成左前探步，右拳变手刀，由外向里横砍，攻击对方颈部，左拳回收腰侧。

6．右脚向 E 迈进一步成右前探步，左拳变手刀，由外向里横砍，攻击对方颈部，右拳回收腰侧。

7．身体左转，左脚向 C 移步成左后弓步，左手刀向外横截，右拳回收腰侧。

8．左脚向 C 迈进成左弓步，右拳前冲（攻中段），左手刀变拳回收腰侧。

9．以左脚为轴，身体右后转向 G 成右后弓步，同时左脚稍后撤，右拳变手刀向外横截。

10．右脚向 G 迈进半步成右弓步，左拳前冲拳（攻中段），右手刀变拳回收腰侧。

11．以右脚为轴，身体左转，左脚向 E 移步成左前探步，右臂屈肘向内横格（防中段），左拳回收腰侧。

12. 右脚向E迈进一步成右前探步，左臂屈肘向内横格（防中段），右拳回收腰侧。

13. 以右脚为轴，身体左后转，左脚向F移步成左前探步，左拳截向左下方（防左下段），拳面朝下，右拳回收腰侧。

14. 右脚前踢，两臂下截，置于体侧。右腿下落成右弓步，右拳前冲拳（攻中段），左拳回收腰侧。然后左拳前冲拳（攻中段），形成连续攻击。

15. 以左脚为轴，身体右转180度，右脚向D移步成右前探步，右拳下截（防右下段），左拳回收腰侧。

16. 左脚前踢，两臂下截，置于体侧。左腿下落成左弓步，左拳前冲拳（攻中段），右拳回收腰侧。再出右拳前冲拳（攻中段），左拳回收腰侧。

17. 以左脚为轴，身体左转，左脚向A移步成左前探步，左拳

下截（防左下段），右拳回收腰侧。两脚不动，右拳前冲拳（攻中段），左拳回收腰侧。

18. 右脚向 A 迈进一步成右前探步，右拳下截（防右下段），左拳回收腰侧。再出左拳前冲拳之攻中段，右拳回收腰侧。

19. 左脚前踢，两臂下截，置于体侧。左腿下落成左前探步，左拳下截（防左下段），右拳回收腰侧。再出右拳前冲拳（攻中段），左拳回收腰侧。

20. 右脚前踢，两臂下截，置于体侧。右腿下落成右前探步，右拳下截（防右下段），左拳回收腰侧。再出左拳前冲拳（攻中段），右拳回收腰侧。

收势：同太极一章。

太极四章

准备姿势：同太极一章。

1．左转身体，左脚迈向B成右后弓步，两拳变手刀，左手刀向左侧横截，手心向下，与肩齐（防左中段），右手刀置于胸前，手心向上。

2．右脚向B迈进成右弓步，左臂屈肘，左手下按（防对方前踢），右手成贯手向前插击，指尖朝前。

3. 以左脚为轴，身体右后转，同时右脚向H移步成左后弓步，右手刀向外横截，手心向下，高与肩齐，左手刀置于胸前，手心向上。

4. 左脚向H迈进成左弓步，右臂屈肘右手下按（防对方前踢），左手刀成贯手向前插击，指尖朝前。

5. 以右脚为轴，身体左转，同时左脚向E移步成左弓步，左臂屈肘上架，置于额前，右手向内横砍，手心向上（攻击对方颈部）。

6. 右脚前踢，两臂下截，置于体侧。右腿下落成右弓步，左拳前冲拳（攻中段），右拳回收腰侧。

7. 以左脚为轴，身体右转并侧倾，同时左腿向E侧踢，两臂置于体侧。

8. 左脚落下，以左脚为轴，身体左转并侧倾，同时右腿向E侧踢，右脚落下成左后弓步，两拳变手刀，右手刀向外横截（攻中段），高与肩齐，左手刀置于胸前，手心向上。

9. 以右脚为轴，身体左后转，同时左脚向F移步成右后弓步，左手刀变拳向外横截（防中段），拳心向下，右手刀变拳回收腰侧。

10. 右脚前踢，然后下落成右后弓步，右臂屈肘向内横格（防中段），拳心向上，左拳回收腰侧。

11. 身体右后转，同时右脚外转移向D成左后弓步，重心落在左脚，右臂屈肘向外横截，拳心向下（防右中段）。

12. 左脚前踢，左脚下落成左后弓步，左臂屈肘向内横格（防中段），拳心向上，右拳回收腰侧。

13. 以右脚为轴，身体左转，左脚向A移步成左弓步，两拳变手刀，左手架于额前，右手刀向内横砍，手心向上（攻击对方颈部）。

14. 右脚前踢，两手刀变拳，置于体侧。右脚下落成右弓步，右臂屈肘向内横格（攻上段），拳心向上，左拳回收腰侧。

15. 以右脚为轴，身体左转，左脚向G移步成左前探步，左拳向里横格（防中段），右拳回收腰侧。

16. 两脚不动，右拳前冲拳（攻中段），左拳回收腰侧。

17. 身体右后转，面向 B 方向成右前探步，左臂屈肘外截（防中段），拳心向上。

18. 两脚不动，左拳前冲拳（攻中段），右拳回收腰侧。

19. 以右脚为轴，身体左转，左脚向 A 移步成左弓步，左臂屈肘向内横格（防中段），拳心向上。两脚不动，右拳前冲拳（攻中段），左拳回收腰侧。然后左拳前冲拳（攻中段），右拳回收腰侧。

20. 右脚向 A 移步成右弓步，右臂屈肘向内横格（防中段），拳心向上。左拳回收腰侧。两脚不动，左拳前冲拳（攻中段），右拳回收腰侧。然后右拳前冲拳（攻中段），左拳回收腰侧。再次左拳前冲拳（攻中段），右拳回收腰侧。

收势：同太极一章。

如何能做好跆拳道品势

练习品势时想象有攻击的对象。练好品势的第一步就是练品势要有实战格斗的感觉。用真挚的表情，做每个动作都要用心用力。为了达到效果，就要假想正有人攻击自己，正紧张对峙。如果把品势理解成简单的身体动作就像没有充气的足球一样。品势必须要用力。把内部气力通过品势导向全身。如果把品势想象成实际格斗的话，每个动作就会既凌厉又充满力量。

必须正确熟知每个技术和动作品势是基本动作的活用和延长。任何事情其基础是最重要的，品势也是必须熟知基本动作的技术。如不熟悉基本动作和姿势的话，所做的动作没有自信，连接凌乱萎缩，不值一看。不只是品势的进行方向，其他隔挡、攻击、踢法等各个技术动作都要行云流水一样畅快淋漓。每个品势动作都有预备动作和正式动作两种。预备动作就是站立、移动和伸曲胳膊等上肢动作。踏步隔挡和攻击等是正式动作。必须要正确区分预备动作和正式动作。熟知正确动作所必要的几个细节如下：①品势线：必须正确按着进行线。②身体的方向和角度：弓步下端防御时上身要侧向30度。③手或拳的位置：下端防御时防御的手腕要停在前大腿上方，正拳攻击要对胸口位置。④站立姿势：步宽要大点，注意两个脚的角度。弓步、后曲步要尽量屈膝。⑤身体的移动：要先移动腿，再做上肢的防御或攻击动作（也可同时）。⑥脚的移动：弓步移动时屈膝擦地移动。⑦胳膊的运动：胳膊动作时要双臂都要动，而且要充分利用扭腰的力量，有节制地进行。⑧腿法：尽量踢高。碰到目标点时利用膝部的反弹得到最大力量。⑨不要擅加其他动作：不要像机器人似的转头，不做抬脚准备姿势等夸张动作。

用力的技巧。任何运动和技术都由力量作为后盾。力量来自连接上身和腿的腰部。像腿法一样，品势也是通过扭腰来得到力量。防御和腿法时上身转向反方向后扭回来时可得到更大的力量。这时上身转向左右时不得弯腰。移动身体做预备动作时要扭腰并让全身（肩膀）充满力量。接下来做正式动作时利用从腰部发出的力量加体重，并把力量集中到身体的接触部位。另外一个拳要有力地贴在腰部才是一个完美的动作。

身体移动时要注意平衡。品势并不是固定动作，而是要按一定速度前后左右移动身体来发挥力量的训练。这时身体的平衡和稳定就很重要了。身体前倾而身体摇晃的话肯定使不出力量。攻击和防御时要注意身体的重心不要摇晃。

要注意节奏。游泳时并不是说手脚动作频，就游得快，手脚要协调才可以游得快。跆拳道品势中力量和速度也要按一定节奏。品势不能像对练那样追求速度。预备动作和正式动作要柔和地连接，腿部移动和上肢动作也要结合起来，速度要均衡。品势做一个动作

的速度接近 1 秒。要努力让预备动作和正式动作的连续，动作的速度、力量都全部符合节奏。

视线要平视以及向攻击防御时的方向。视线总是要对着假想敌的眼睛。说得具体一点，要向攻击防御时的方向。挺胸，平视前方，对视着对方的眼睛并做全身动作。不管何种情况都不能从对方身上离开视线。品势虽然是自己练习，但必须要假想对方在前面。攻防时也要注意练习视野扩大到对方下肢。

用呼吸来加力及振作精神。品势动作中呼吸是利用丹田的呼吸法。收胳膊的预备动作中用小腹吸气后在正式动作中呼 2/3 的气时停止可发挥最大力量。紧闭双唇不能让对方听到自己的呼吸声。要有规则有节奏地呼吸。

大声喊声。跆拳道中喊声是必不可少的。对练和品势中都通过喊声达到加大自信心并压倒对方以及集中力量的三种效果。每种品势都必须至少发一次喊声。喊声一般在攻击时发声。原则上是当击到对方时喊声。喊声时要小腹加气，短而亮地喊。

第五章

跆拳道的身体素质训练

身体素质训练是指在跆拳道运动训练中，运用各种有效的训练手段和方法，以提高运动员的机能水平，提高运动员承受运动负荷的能力，发展专项所需的各种身体素质的训练。

身体素质训练是跆拳道运动的重要组成部分，它是学习和掌握专项技战术的必要条件，是运动员承受高负荷训练和高强度比赛的基础，也是运动员在训练比赛中保持稳定、良好心理状态及提高运动成绩的基础，是减少运动创伤、延长运动寿命及培养顽强意志品质的有效手段。

跆拳道运动员的身体素质包括一般身体素质和专项身体素质。一般身体素质训练是采用各种非专项训练手段和方法进行练习，目的在于增强体质，全面发展各种身体素质，改善身体形态，提高各器官系统的机能水平，为专项训练打下良好的基础。专项身体素质训练采用与专项技术结构相似的练习或专项的基本动作来发展专项素质所需的运动素质，以保证更快更好的专项技术动作和承受大强度的运动负荷。

运动员的身体素质一般包括力量、速度、耐力、柔韧性、灵敏度等几方面，这些素质不是孤立存在和发展的，它们是互相影响、互相制约、互相促进的。运动员的身体素质训练水平与技战术、心理等的训练水平及身体机能、身体形态等有着密切的联系，可以说全面发展的身体素质是运动员掌握跆拳道技术的物质基础，是减少和预防运动员创伤的保证，同时身体素质又必须通过技术才能充分发挥出来，它们相辅相成互相影响。如较快的速度有助于提高跆拳道运动员使用技术的成功率，较好的柔韧性有助于提高动作的准确性，如对运动员要求柔韧性很好的横踢击头、劈腿击头等。这对运动员提高机体能力、改善身体形态、增进健康、延长运动寿命、增加比赛的心理稳定性等都有积极意义。另外，在素质训练中应尽量结合技术来进行。

对练习者身体素质训练的基本要求：

1. 在多年、全年训练中，要合理、全面、有计划地安排身体素质练习。应根据不同练习对象，不同训练过程和训练任务的不同要求区别对待。如练习者非专项运动员，其身体素质的训练应根据其实际承受能力，循序渐进地安排训练内容，使其得到适时发展。

2. 明确训练目的，结合意志品质的培养。身体素质训练内容相对比较枯燥，运动员易感疲劳，因此教练员要使运动员训练有目的，加强思想教育，通过训练培养他们吃苦耐劳、坚忍不拔的意志和品质。

3. 做好准备活动，尽量避免损伤情况的发生。在进行身体素质训练之前，一定要充分做好准备活动，注意练习内容的交替，避免局部负荷量过大。练习后要安排放松、恢复措施，尽量避免损伤情况的发生。

4. 经常进行检查和评定。对运动员的各项身体素质训练应经常或定期检查和评定，了解训练效果，并及时进行改进和调控，使之全面、协调、按比例发展。

力量素质训练

跆拳道运动是一项力量和全身协调能力综合发展的格斗项目，要求爱好者和运动员具有一定的力量，并且跆拳道的力量素质与其他素质有着极为密切的联系，在一定程度上影响其他素质的发展。力量素质也是人体运动最基本的素质。力量素质可分为最大力量、快速力量和力量耐力三种。在跆拳道训练中，三种力量素质在训练中相互促进、相互影响，而快速力量是主要的练习内容，进行力量训练，能使支配肌肉的神经中枢的机能得到改善，提高神经过程的强度，增强神经冲动的传递，从而改善神经系统的调节机能。发展力量素质的练习有克服外部阻力和克服自身重量的练习。跆拳道运动中的大部分动作均要求快速反应、爆发式完成，还要求高度的机动性和灵活性，更多的是采用动力性练习方式。

❖ 力量练习的种类

1. 以发展下肢力量为主的练习

跆拳道中主要采用腿法进攻。因此，下肢的力量训练尤为重要。在训练中，一般可采用以下练习手段来发展下肢各肌肉群的力量和伸展性：

（1）拉橡皮筋带踢。将橡皮带一端固定在肋木或树干上，另一端套于踝关节，做各种腿法的练习。

（2）踢打沙袋。选择适合重量的沙袋，用各种手法和腿法击打沙袋。击打沙袋可以是一个动作的反复练习，也可以是多种动作的组合练习。

（3）跳绳。双脚跳或两脚交替的单脚跳均可。在频率不变的情况下，连续保持较长时间练习。

（4）高抬膝跑（原地、前进、倒退）。左脚膝部蹬直立定，右脚屈膝小腿内扣提至腹前略高；右脚向下，膝部伸直，下落于左脚侧（或右前方、右后方），同时左脚提起重复动作。连续快速重复练习一定时间，一定数量。

（5）负重杠铃。深蹲或半蹲，杠铃负在肩上，腰背挺直，抬头收腹，膝盖方向朝前，平稳屈膝蹲下，向上扛起时要求快速站起。采用中等重量，以最快速度进行练习。半蹲要求屈膝下蹲至大腿近水平时，随即伸腿直立。

（6）提膝。（原地）左右腿各一次（共 20 次）；左右腿各两次（共 10 次）；左右腿各 10 次。（前进）重复以上三个动作。

（7）负重连续跳或跳障碍物。双腿负沙袋或身穿沙袋衣或肩扛杠铃或手持重物连续跳和跳台阶的障碍物，规定时间或次数。

（8）负重连续提踵杠铃负于肩上，腰背挺直，抬头收腹，膝盖方向朝前，提踵练习或前脚垫高提踵。采用身体能承受的重量的 70% ～ 90%、组数为 6 ～ 8 组，以最快速度进行练习。

2. 以发展躯干力量为主的练习

一般在训练中主要采用以下练习手段来发展加强腹肌、背肌、

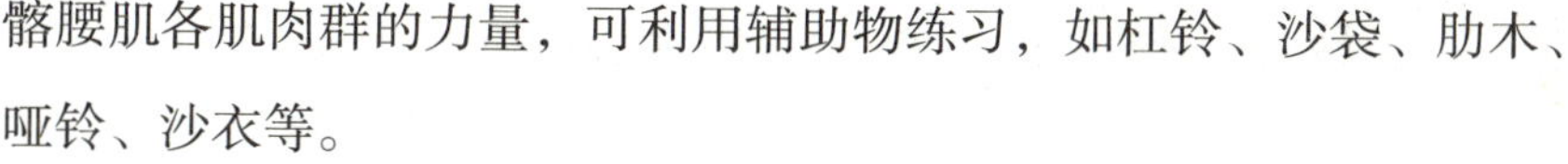

髂腰肌各肌肉群的力量，可利用辅助物练习，如杠铃、沙袋、肋木、哑铃、沙衣等。

（1）立卧撑：①身体直立，然后双腿屈膝下蹲，两拳撑地；接着，两腿向后蹬伸，身体挺直。②收腹收腿，然后两腿蹬地跳起，身体直立腾空，落地后重复①的动作。

（2）收腹跳：两腿蹬地跳起，上体直立，两腿屈膝向上提收至胸腹间。落地后立即再蹬地跳起，重复练习。

（3）负重或不负重的仰卧起坐（两头起）。

（4）站立负重左右转体或体前曲。

（5）倒挂收腹：双脚固定，身体倒挂，双手抱头，向上收腹。

3. 以发展上肢力量为主的练习

（1）俯卧撑。

（2）卧推杠铃。

（3）持重物前后左右摆臂（哑铃、杠铃片）。

❖ 进行力量练习的基本要点

在跆拳道力量训练中，练习者要根据自己的实际力量，主要是以快速行进的练习方法为主。发展力量耐力，则采取负荷强度小、重复次数多的练习。若发展绝对力量，需要采用强度大、重复次数少的练习；练习的方法手段应与专项动作特点紧密结合，着重从动作结构、动作速度、肌肉收缩形式、肌肉用力的顺序等方面来进行，同时注意大小肌肉群的平衡发展，将不同性质的力量交叉安排，避免局部负荷过重。并且要注意考虑练习者的特点、性别、年龄和训练程度等，做到有针对性地合理安排。力量训练后注意放松、调节，以消除肌肉疲劳，防止肌肉僵硬。

❖ 力量训练的注意事项

1. 进行力量训练时，应使身体局部力量、整体力量、发展大肌肉群和发展小肌肉群力量的训练结合起来。

2. 合理地安排训练负荷，科学地进行调整。发展最大力量应采取强度大、重复次数少的练习方法。发展速度力量应采取中等重量、快速度、多次数的方法，要求在最短时间内发挥最大力量。

3. 进行强度较大的力量训练时，要注意肌肉的放松与调整，防止肌肉僵化,提高肌肉弹性。刚开始训练的人每周安排3次效果较好。

速度训练

速度是指人体快速运动的能力，包括动作速度、反应速度以及动作速率。跆拳道的速度训练重点是要提高运动员的反应速度和动作速度。运动生理学研究表明:一个人的反应速度主要受遗传的影响，后天的训练并不能从根本上改变人的反应速度。速度训练的目的是把每个人受遗传因素影响的最快反应速度稳定下来。速度素质在跆拳道诸多素质中占有很重要的地位。速度素质包括反应速度、击打速度以及步伐击打速度三种表现形式，要想取得比赛的胜利，就要求运动员在高度紧张和繁杂的对抗中，最大限度地表现出速度的各项素质。因此，跆拳道速度素质的训练，就是利用具体有效的各种方法和手段，使人体速度素质的各项潜能被充分激发，使各部分的综合速度素质达到尽可能完善的程度，从而提高技术和战术的运用效果，争取比赛的胜利。速度素质训练重点要提高反应速度和击打动作速度，训练过程中要充分注意速度训练的具体要求和注意事项。

❖ 速度训练方法

1．动作速度的训练方法

（1）单个动作速度练习

单个动作速度训练的方法，一人实战姿势站好，等教练或同伴发出声音或信号后以最快的速度进行攻防动作练习。

（2）组合技术速度练习

在单个动作技术掌握熟练后可以进行组合技术练习，将两个或两个以上的动作进行组合，听到教练声音或信号后快速完成。

（3）利用冲刺跑、下坡跑、加速跑、后蹬跑等练习不同状况下的动作速度。

速度耐力的本体感觉，会对提高动作速度提供最直接的身体感觉。这种感觉在跆拳道中表现为可以提高动作的加速度，提高步法的移动速度。

（4）单位时间内快速完成动作数量训练

规定时间内（1秒或几秒）完成快速冲拳或出腿练习，单位时间内完成的数量越多效果越好。

（5）利用负重的方法练习

在负重的条件下做拳法或腿法练习，去掉负重后会提高动作速度。

2. 反应速度训练方法

（1）打移动靶练习

教练员或同伴拿靶，在移动中突然示靶，运动员根据不同靶位快速做出反应。运动员打靶后教练员可以用靶进行反击，让运动员做出防守动作。

（2）条件实战法

规定一方进行主动进攻，另一方进行防守反击，防守反击的一方要根据主动进攻一方的动作做出选择性的反击动作。

（3）远距离攻防练习法

双方在一定距离限制下，互不接触，一方以各种技术动作进攻，另一方做出相应的反击。

（4）实战练习法

实战是练习跆拳道复杂反应的最好办法，经常与不同对手进行实战，可培养运动员的应变能力，提高竞技水平。

❖ 速度训练的注意事项

1. 速度训练时，要按规格要求完成动作，所选用的动作应是练习者已经熟练掌握的，练习的时间不宜过长。以 30 秒一组为宜，一般不要超过 1 分钟。

2. 负重练习时，重物的重量要比最大力量练习时的小。进行反应训练或条件实战时，要从比赛的角度出发，讲究实效性。

3. 速度训练具有很大的训练强度，因此训练量不宜过大。要掌握好间歇时间和休息方式，间歇的时间应保证后一次练习完成的速度在一定的范围内不低于前一次。

耐力训练

耐力是指人体长时间工作的能力。跆拳道的正式比赛为三回合制，每回合 3 分钟，而且每次比赛的所有场次都要集中在 1 ～ 2 天内打完，所以对于运动员来说耐力素质要求比较高。激烈的对抗对运动员的体力消耗是很大的，在这种情况下如果没有充沛的体力作为保证，技战术的发挥就会受到影响。因此要想取得比赛的胜利，耐力训练也是不可忽视的。耐力训练可分为有氧耐力和无氧耐力两种。

❖ 有氧耐力训练

进行有氧耐力训练主要采用强度小、负荷时间长的方法。我们在训练中经常采用的方法有以下几种：

1. 越野跑

以心率为指标控制在每分钟 150 次左右，负荷时间为 30 ~ 60 分钟。也就是说，在心率为 150 次左右的情况下进行 30 ~ 60 分钟的越野跑训练，要坚持跑完全程。

2. 10 ~ 15 分钟跳绳练习

在 10 ~ 15 分钟的时间内进行跳绳练习，并且要求保持跳动频率不变。可以变换跳动方式，如单脚跳、双脚跳等。

3. 组合技术空击练习

采用各种进攻与防守动作练习，要求动作快速、连续、协调、间歇时间短。做 5 ~ 8 组，每组 2 ~ 3 分钟，组间休息 1 分钟。

4. 一人对多人的车轮战

练习者 1 人与 3 人或 4 人陪练进行逐一实战或条件实战。比赛时间为每局 2 ~ 3 分钟，练习者不得休息，连续进行，每局换一位体力充沛者与其对阵。

❖ 无氧耐力训练

进行无氧耐力训练主要采用负荷时间短、练习密度大、间歇时间短的练习方法。在跆拳道训练中经常采用以下几种方法：

1. 上下台阶法

练习者面对台阶以最快的速度冲刺上台阶，然后放松走下来，每组 8 ～ 10 分钟，间歇 1 ～ 3 分钟，做 2 ～ 3 组。

2. 30 米、60 米、100 米冲刺跑

间歇 30 秒～ 1 分钟，做 3 ～ 5 组。

3. 400 米、800 米变速跑

在 400 米跑道上，直道时全速冲刺跑（80 ～ 100 米），弯道时进行放松走，间歇 30 秒～ 2 分钟，做 3 ～ 5 组。

4. 打靶练习

（1）快速双飞或横踢踢靶或踢护具，可以行进中打或后退打。数量为 50 ～ 100 次 / 组。做 3 ～ 5 组，组间休息 1 ～ 2 分钟。

要求：出腿频率要快，动作连贯不可停顿。

（2）原地或行进中单腿横踢踢脚靶（50 次，40 次，30 次，20 次，10 次）递减法，或（10 次，20 次，30 次，40 次，50 次）递增法。

要求：规定时间内完成，动作速度要快，频率要快。

5. 反应打靶练习

两人一组，一人在移动中任意出靶，练习者快速反击进行击打。1 ～ 2 分钟一组，每组间歇 30 秒～ 1 分钟，做 3 ～ 6 组。

❖ 耐力训练的注意事项

1. 要根据练习的要求，合理地安排运动量、训练强度和间歇时间。

2. 训练时，所选择的耐力训练内容要与专项结合进行，使练习者适应跆拳道比赛对抗激烈、强度大的特点，结合跆拳道基本技术，发展符合跆拳道所需要的专项耐力。

3. 增加力量练习的次数，是发展肌肉耐力的一个有效方法。保持减轻练习的负荷，增加练习的重复次数和时间，是发展肌肉耐力的较好方法之一。

4. 耐力的训练既是身体的训练，也是对练习者意志品质的锻炼过程。在耐力训练时，除要用各种方法进行练习外，还要求练习者要有吃苦耐劳、坚韧不拔的意志品质。

柔韧性训练

柔韧性是指人体各关节活动幅度的大小和肌肉、韧带的伸展能力。跆拳道竞技运动以踢法为主，对腿部和腰髋部的柔韧性有极高的要求，这里主要介绍腿部、髋部和腰部的柔韧性训练方法。柔韧性训练方法就其形式来讲有两种：一种是主动练习法。主动练习法是指练习者依靠自己的力量使肌肉拉伸，加大关节活动的幅度；被动练习法是指练习者通过他人的帮助，借助外力使肌肉被拉伸，并使关节活动幅度增大。

柔韧性练习一般安排在热身练习后。柔韧性练习一方面为了活动关节、牵拉韧带；另一方面为提高柔韧素质、增大肌肉和关节的韧性，从而提高腿法及品势演练的质量。

❖ 马步拉伸

马步站立，双手放于两膝上，身体向左转体，左肩向下振压，做侧拉伸动作，然后向右转体做侧拉伸动作，练习 2 ～ 4 个 8 拍。

❖ 压腿

一腿支撑，另一腿放在一定高度的物体上向前振压，也可以将腿放在同伴的肩上向前、向后振压，练习 30 次左右，振压的幅度可以逐渐增大。

❖ 虚步压腿

并步站立，一腿屈膝支撑，另一腿向前侧伸直，脚跟触地，脚尖勾紧上翘；上体前俯，双手握住脚掌，两臂屈肘，双手用力后拉，用前额或下颌接触脚尖；练习 2 ～ 4 个 8 拍，左右交替进行。

❖ 弓步压腿

两腿前后开立，左脚在前，左小腿与地面垂直，右腿在后，两脚间距尽量拉大，左手扶于左膝上，右手扶地支撑，向下振压。左右交替进行，练习 2 ～ 4 个 8 拍。

❖ 坐位屈腿体前屈

坐在地板上，双手扶两脚掌，两膝向下振动，此动作做两个 8 拍后，膝盖放松，屈身向前，以前额部位接触脚趾，练习 2 ～ 4 个 8 拍。

❖ 坐位体前屈

坐在地板上，双腿伸直，双手尽力向前，用头部接触脚尖，练习 2 ～ 4 个 8 拍。

❖ 腿和背的拉伸

1．坐在地板上，左腿向前伸直，右腿向后弯曲，双手向前伸两次，向后转两次，做两个 8 拍后，右腿在前，左腿在后，动作与前一次相同。

2．坐在地板上，一条腿向前伸直，另一条腿弯曲，脚后跟碰到大腿内侧，上体向前振压，左右交替练习 2 ～ 4 个 8 拍。

❖ 分腿侧压

两腿左右分开，坐在地板上，上体向左侧转体，尽量使胸、腹部贴在左腿上；同时，双手抓住左脚，身体用力向下压。练习时，左右交替进行；分腿侧压主要用于练习髋关节的灵活性。

❖ 劈腿

劈腿也叫劈叉。分为横叉和竖叉两种。劈叉练习时要循序渐进，切不可急功近利，以免造成拉伤。

1．竖叉

竖叉主要用来练习大腿后侧和髋关节的柔韧性。

两腿前后分开，成一条直线。前腿的脚后跟、小腿肚、大腿后侧的肌群贴紧地面；脚尖勾起，后腿的脚背、膝关节和股四头肌压紧地面。脚尖指向正后方。髋关节与两腿垂直，臀部压紧地面，上体正直，可以做上体前俯压紧前腿，亦可做上体后屈向后压振动作；练习时左右腿交替进行，动作幅度由小到大逐渐用力。

2. 横叉

横叉主要用来练习两腿内后侧和髋关节的柔韧性。两腿左右一字伸开，双手可以辅助支撑。两腿的内后侧部位着地，压紧地面，两脚的脚跟着地，两脚尖向两侧伸展或勾紧，髋关节放松成一字型。可上体前俯，亦可以上体向左或右侧倒。充分拉伸大腿后侧肌肉。

❖ 体后屈

体后屈主要用于练习大腿前侧、踝关节和腰部的灵活性。

运动员跪在垫子上，两腿并拢放在臀部下，脚背贴地，身体后倒，仰卧在垫子上数秒钟后起立。

灵敏、协调训练

灵敏是指运动员在各种复杂情况下，迅速、协调、准确、灵敏地完成动作的能力。跆拳道要求运动员在各种复杂变化的条件下迅速、合理、敏捷、协调地完成各种动作。灵敏协调素质是其他各种运动素质的综合体现。它有助于发展运动员的反应、起动、变换方向的速度，并能更快更有效合理地掌握各种复杂战术。

❖ 发展灵敏协调素质的主要练习手段：

1. 在两人配合练习时，根据同伴的身体移动情况，进行各种躲闪、突然进攻、迅速转体等练习。

2. 根据变化方向进行追逐性的游戏。

3. 在迅速转体后完成反向动作。

4. 将不同用力方向、不同线路的动作结合练习。

训练灵敏的方法应经常变化，多采用与专项要求相一致的练习手段，并要求结合各种手势来提高运动员的判断力、灵活性、反应能力和控制身体平衡的能力。一般将灵敏素质训练安排在训练课的主要部分的开始阶段，在运动员体力充沛的状态下进行，练习时间不宜过长，身体疲劳时不宜进行灵敏素质的训练。

除了以上各种身体素质训练的具体手段和方法以外，结合跆拳道运动员的技术和专项素质特点，还可以安排其他形式多样、方法灵活、简便实用的身体素质训练。通常教练员应把运动员的身体素质训练放在比较重要的位置。此外，身体素质训练和技战术训练的关系应认真处理好，不能简单、孤立、静止地进行身体素质训练，也不能盲目进行和增强与身体素质无关的技战术训练，两者应当综合运用，互为发展。

❖ 灵敏、协调素质练习时应注意的事项

1. 灵敏、协调素质练习要和其他素质练习结合进行。因为灵敏协调素质的发展与其他素质的发展有着密切的关系，有时一项内容的练习有多项内容的练习效果。

2. 要注意灵敏协调素质的训练时间不宜过长。过长会影响练习的效果，训练中，一般安排在训练课的准备活动中或与其他素质练习同时进行。

3. 灵敏协调练习不仅在基础训练时要安排进行，而且要贯穿到整个训练过程中。在不同的训练阶段都要适当安排灵敏、协调素质训练，因为发展灵敏协调素质对掌握和改进技术动作有主要的作用。

4. 练习时，可选用多种练习方法，以增加练习者的练习兴趣。

附录

跆拳道竞赛规则及解释

前言

竞技跆拳道运动经过30多年的发展，特别是经过悉尼、雅典、北京3届奥运会的磨炼，其竞赛理论、竞赛规则以及裁判方法更加科学、严谨、规范，不仅促进了本项目技战术创新，也使比赛更加精彩、激烈。

我国自1995年正式开展跆拳道项目以来，竞赛理论、竞赛规则和裁判方法的研究和制定，经历了“学习引进、不断完善”的发展过程，总体的指导思想是力求搭建公平、公正、公开的国内竞赛平台，体现并倡导“国内练兵、一致对外”的思想。实践证明，坚持这一正确的指导思想，充分发挥竞赛杠杆作用，使我国的跆拳道运动不断壮大。

为了增强跆拳道比赛的观赏性和公正性，备战国际大赛，依据世界跆拳道联盟最新颁布的竞赛规则及解释，结合国内跆拳道竞赛的实际情况，以及我国跆拳道运动员参与国际大赛竞争的需要，中国跆拳道协会对现行的竞赛规则及解释进行了修订，现正式颁布新的《跆拳道竞赛规则及解释（竞技）》，原竞赛规则同时废止。

第一条 总则

一、《跆拳道竞赛规则及解释（竞技）》（以下简称本规则）依据世界跆拳道联盟（WTF）（以下简称世跆联）所颁布的竞赛规则及解释，结合中国跆拳道运动发展的实际情况所制定。

二、本规则是中国跆拳道协会（以下简称中国跆协）及其所属团体会员在中国境内主办或组织的所有跆拳道竞赛所使用的统一规则，目的是保证竞赛公平顺利地进行，并确保本规则在竞赛中得到执行和应用。

（注释1）

本规则的核心条款和内容全部依据世跆联所颁布的最新竞赛规则及解释，部分条款结合中国跆拳道运动发展的实际情况以及国内竞赛工作的任务与目的等进行了补充和完善。

（注释2）

第一条的目的是保证全国范围内的跆拳道竞赛规范化，所有不符合此基本规则的竞赛均不被视为跆拳道竞赛。

（注释 3）

以下使用“注释”和“解释”的内容是对有关条款的内涵和本质定义进行说明。当教练员、运动员和裁判员对本规则的认识和解释产生分歧时，裁判员具有最终解释权。

第二条 适用范围

本规则适用于中国跆协及其所属团体会员在中国境内举办的各级、各类跆拳道竞赛。如需改动有关条款，须经过中国跆协批准。

（解释 1）

须经中国跆协批准：任何团体会员组织比赛需更改本规则的某条款，必须在规定比赛时间的 1 个月之前将更改内容及其理由报请中国跆协审批。如果团体会员没有依照本规则组织比赛，中国跆协将不予认可并宣告该赛事无效。另外相关单位及责任人将受到中国跆协的纪律处分。

（解释 2）

1）体重级别；2）裁判员人数；3）检查台、记录台、临场医务台人员;4）比赛时间等条款内容，可经中国跆协批准后更改，但“有效得分”“警告”“扣分”、“比赛场地”等条款在任何情况下不得更改。

第三条 比赛区

由中国跆协指定的国内赛事，要求比赛场馆至少应有 3000 个座位，场馆地面面积至少为 40×60 平方米，能给观众和运动员提供最佳的视觉和听觉效果。场馆地面到天花板的高度应在 10 米以上。场馆内照明应在 1500 至 1800 勒克斯之间，由场馆顶部直接照射到比赛场地。

比赛区应为 8 米 ×8 米、水平、无障碍物、正方形、有弹性且不易打滑的垫子，或由中国跆协批准使用的其他规格的比赛场地。

比赛区应铺设经中国跆协监制或指定的专用比赛垫。必要时，比赛区可根据实际需要置于一定高度的平台上。为保证运动员的安全，比赛场地边界线外应有与地面夹角小于 30 度的斜坡。

一、比赛区的划分

（一）8 米 ×8 米的区域称为比赛区，标记为蓝色；

（二）比赛区的外缘线称为边界线；

（三）比赛记录台和临场医务台面对比赛区的边缘线为第 1 边界线，顺时针旋转依次为第 2、第 3、第 4 边界线；

（四）边界线以外需铺设比赛垫，保护运动员的安全；尺寸大小可根据比赛的实际情况确定，宽度为 1 ～ 2 米，标记为红色或黄色。

二、位置

（一）主裁判员位置：距离比赛区中心点向第三边界线方向 1.5 米处；

（二）边裁判员位置：1 号边裁判员在第一、二边界线夹角，面向比赛区中心点向后 0.5 米处；2 号边裁判员在第二、三边界线夹角，面向比赛场地中心点向外 0.5 米处；3 号边裁判员在第三、四边界线夹角，面向比赛场地中心点向外 0.5 米处；4 号边裁判员在第四、一边界线夹角，面向比赛场地中心点向外 0.5 米处。

如果比赛为 3 名边裁判员，1 号边裁判员在第一、二边界线夹角，面向比赛区中心点向后 0.5 米处；2 号边裁判员的位置在第三边界线中心点外 0.5 米处，正对比赛场地中心；3 号边裁判员在第四、一边界线夹角，面向比赛区中心点向后 0.5 米处；

（三）记录台位置：置于第一边界线向后至少 2 米处，面向比赛场地，并距离第一、二边界线夹角 2 米；

（四）临场医务台位置：置于第一边界线右侧向外至少 3 米处；

（五）运动员位置：运动员的位置是相对的 2 点，距离比赛区域中心点各 1 米，距离第一边界线 4 米处（青方距离第二边界线 3 米，红方距离第四边界线 3 米）；

（六）教练员位置：位于本方运动员一侧的边界线中心点向后 1 米处；比赛进行期间，教练员不得站立执教（录像审议除外），不得离开 1 米 ×1 米的教练员指定区域。违反此条规则，将会被判罚“警告”；

（七）检查（检录）台位置：检查（检录）台位于比赛场地入口处附近。

三、赛场环境

（一）为参赛运动员提供适当面积的热身区域和检录区域；

（二）比赛场地的高度、照度、温度和湿度适于运动员进行比赛；

（三）具备必要的医疗救护设施和措施；

（四）提供比赛所需的比赛景观和体育展示及其他环境和设施。

（解释 1）

比赛区应铺设有弹性、平整的由中国跆协监制或指定的专用比赛垫。颜色搭配必须避免刺眼或引起运动员、观众视觉的疲劳，应与运动员的护具、服装、垫子表面颜色协调一致。

（解释 2）

比赛区：应是 8 米 ×8 米的正方形，环绕比赛区域应有至少 2 米宽的安全区域。因此，1 片比赛场地的面积至少为 12×12 米。

（解释 3）

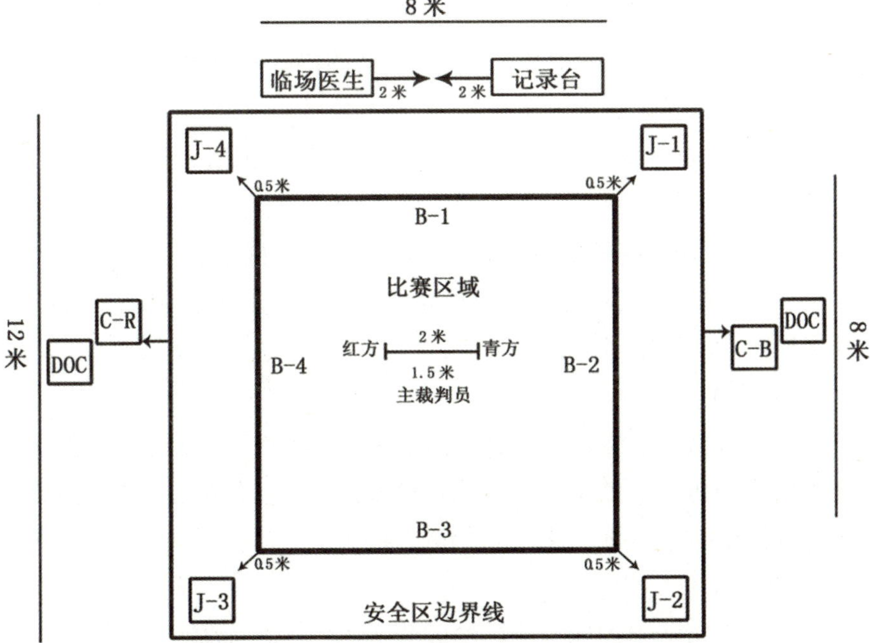

C－R	红方教练
C－B	青方教练
DOC	随队医生

（解释 4）

检查台：在检查台，裁判员需检查运动员所穿戴的护具装备是否经中国跆协认可，尺寸大小、穿戴松紧程度等是否合适，如不合适，则要求运动员更换合适的护具。

（执裁指导）

裁判员必须充分理解“比赛区”的定义并在比赛中掌握好尺度，避免过多中断比赛。

第四条 运动员和教练员

一、运动员资格。运动员必须同时具备以下条件，方可参加中国跆协所举办的赛事。

（一）必须是中国跆协的个人会员，其代表的参赛运动队属于在中国跆协注册的团体会员；

（二）当年度在中国跆协登记注册有效；

（三）持有中国跆协颁发，或经中国跆协推荐获得国技院 / 世跆联颁发的相应段位、级位证书；

（四）参加青少年比赛的运动员年龄符合中国跆协颁布的竞赛规程的规定；

（五）无违反《跆拳道竞赛纪律处罚条例》的行为；

（六）参加中国跆协各级团体会员和地方协会举办的比赛必须符合当地协会的各项规定和要求。

（解释 1）

参赛资格：参赛运动员必须是中国跆协的个人会员，并只能代表在中国跆协注册的某一个团体会员单位参赛。依据是当年在中国跆协进行年度注册的注册文件和相应证明。

（注释 1）

通常全国青年锦标赛的年龄限制为 14 ～ 17 周岁，以比赛当年

的年份计，不按日期计算。例如，比赛日期为2004年9月9日，出生日期为1987年1月1日～1990年12月31日期间的运动员有资格参加比赛。

二、教练员资格。教练员必须同时具备以下条件，方可在中国跆协所举办的赛事中担任教练员。

（一）必须是中国跆协的个人会员，其代表的参赛运动队属于在中国跆协注册的团体会员；

（二）持有中国跆协颁发的教练员资格证书，并通过中国跆协当年的年度审核；

（三）持有中国跆协颁发，或经中国跆协推荐获得国技院/世跆联颁发的相应段位证书；

（四）参加并通过中国跆协举办的教练员培训班的考核；

（五）参加中国跆协各级团体会员、地方协会举办的比赛必须符合当地协会的各项规定和要求。

三、比赛服装和护具

（一）运动员穿着和佩戴的道服和护具必须由中国跆协指定或认可；

（二）运动员比赛时须佩戴护具，包括护胸、头盔、护裆、护臂、护腿、护齿、手套、感应脚套（使用电子护具的情况）。其中护裆、护臂、护腿应戴在道服内；除了头盔，头部不得佩戴其他物品。与宗教信仰相关的物品，应提前获得许可并佩戴在头盔或道服内；

（三）跆拳道比赛道服、护具及其他装备的具体要求应分别指定；

（四）教练员在赛场执教时，必须穿着规范的运动服、运动鞋。严禁穿着与比赛不相适应的衣着入场执教。

（五）赛事组委会应负责准备好所有比赛所需装备，中国跆协应提前提供所需比赛装备的数量。

（解释2）

护具的大小和运动员的级别相对应。同一级别的运动员穿戴相同尺寸的护具参加比赛。

（解释 3）

护齿：护齿的颜色只能是白色或透明。如果有医生诊断证明使用护齿会对运动员造成伤害，该名运动员可不戴护齿。

四、药物控制

（一）在由中国跆协举办和认可的各类跆拳道比赛中，禁止携带、使用和提供国际奥委会（IOC）禁用的药品和使用禁用的方法；

（二）中国跆协有责任委托中国奥委会反兴奋剂委员会随时对运动员进行药检；

（三）赛事组委会必须无条件配合药检工作；

（四）任何拒绝药检或药检证明违反有关规定者，取消其比赛成绩，比赛成绩按顺序递补。同时，按《中国跆拳道协会兴奋剂违规处罚办法》予以处罚。

五、责任与义务

（一）比赛中发生伤害和死亡事故时，不得向主办方、组织方、对方运动员追究责任。过失行为导致的事故应追究过失方的责任；

（二）各级各类跆拳道竞赛应当统一为运动员办理跆拳道专项保险。

第五条 体重级别

一、体重分为男、女级别。

二、体重分级

（一）成年组：

男 子	女 子
54 公斤以下	46 公斤以下
54～58 公斤	46～49 公斤
58～63 公斤	49～53 公斤
63～68 公斤	53～57 公斤
68～74 公斤	57～62 公斤
74～80 公斤	62～67 公斤
80～87 公斤	67～73 公斤
87 公斤以上	73 公斤以上

（二）奥运会、全运会：

男 子	女 子
58 公斤以下	49 公斤以下
58～68 公斤	49～57 公斤
68～80 公斤	57～67 公斤
80 公斤以上	67 公斤以上

（三）青年奥运会：

男 子	女 子
48 公斤以下	44 公斤以下
48～55 公斤	44～49 公斤
55～63 公斤	49～55 公斤
63～73 公斤	55～63 公斤
73 公斤以上	63 公斤以上

（四）世界青年锦标赛、全国青年锦标赛：

男 子	女 子
45 公斤以下	42 公斤以下
45～48 公斤	42～44 公斤
48～51 公斤	44～46 公斤
51～55 公斤	46～49 公斤
55～59 公斤	49～52 公斤
59～63 公斤	52～55 公斤
63～68 公斤	55～59 公斤
68～73 公斤	59～63 公斤
73～78 公斤	63～68 公斤
78 公斤以上	68 公斤以上

三、青少年比赛的级别设置，在保证安全的基础上，可根据实际情况进行调整，并由赛事组委会报请中国跆协认可。

（注释）

——跆拳道竞赛是运动员通过直接身体接触、身体对抗决定胜负的项目。为了保护运动员的安全，同时使运动员在公平竞争的条

件下使用技术，设置了体重分级体系；

——男、女运动员分别在各自的性别和级别组进行比赛，这是最基本的原则；

——根据实际参赛情况，必要时可取消或合并比赛级别。

（解释 1）

“以上”和“以下”的界定：

称量体重的精确程度以小数点之后的百分位为测量标准。例如，50 公斤以下级的称量标准，49.99 公斤、50.00 公斤、50.009 公斤均为合格，50.01 公斤为不合格。

50 公斤以上级的称量标准，49.99 公斤为不合格，体重从 50.01 公斤起为合格，以此类推。

第六条 比赛的种类和方法

一、比赛种类

（一）个人赛：个人赛一般在相同体重级别的运动员之间进行；运动员在 1 次赛事中只允许参加 1 个级别的比赛；

（二）团体赛

1. 按体重级别进行 5 人制团体赛，级别如下：

男 子	女 子
54 公斤以下	47 公斤以下
54～63 公斤	47～54 公斤
63～72 公斤	54～61 公斤
72～82 公斤	61～68 公斤
82 公斤以上	68 公斤以上

2. 按体重级别进行 8 人制团体赛；

3. 按体重级别进行 4 人制团体赛（将 8 个体重级别中相邻 2 个级别合并成为 4 个级别）。

二、比赛方式

（一）单败淘汰赛；

（二）复活赛；

（三）循环赛或其他赛制。

三、包括全运会在内的综合性运动会的跆拳道比赛一般采用个人赛制。

（解释 1）

在锦标赛体系中，竞赛以个人为基础，团体名次根据个人成绩进行综合积分统计来决定。积分方法：

团体名次应根据如下条款由总分决定：

称重合格后，每 1 名上场比赛的运动员获得基础分 1 分；

每赢得 1 场比赛加 1 分（包括轮空场次）；

每 1 枚金牌加 7 分；

每 1 枚银牌加 5 分；

每 1 枚铜牌加 3 分。

2. 如 2 支参赛队积分相同，先后名次按以下办法排列：

（1）按各队获得的金、银、铜牌数顺序；

（2）参赛运动员人数顺序；

（3）大级别获得分数多者顺序。

3. 在团体赛中，每场团体赛的结果由单一参赛队成绩决定；

4. 8 个体重级别模式：在 8 个级别的团体赛中，获胜 5 场以上为胜方。如果因两队平分不能确定先后名次（4 比 4），则各队选派 1 名同级别的代表进行加赛，此时的上场运动员不能为替补；

5. 在上述模式中，如果某一队在全部比赛结束之前就已经因获胜场数多而获胜，原则上剩下的比赛仍须进行。如失败的一方希望放弃余下的比赛，比赛结果不按累计积分计算而视为“失去比赛资格败”（以下简称“失格败”）。

第七条 比赛时间

比赛时间是指每场比赛为 3 局，每局比赛 2 分钟，局间休息 1

分钟；比赛时间也可根据实际情况，由比赛技术代表决定调整为比赛 3 局，每局 1 分钟或 1 分半钟或者比赛 2 局，每局 2 分钟。

（注释）

可根据特殊需要对局数、比赛时间及休息时间进行调整，但每局比赛（包括加时赛）2 分钟的时间规定原则上不能改动。

第八条 技术会议与抽签

一、技术会议

（一）比赛开始的前 1 天或 2 天召开由技术官员、各参赛队领队及教练员参加的技术会议；

（二）技术会议中，由技术代表或其他技术官员就比赛相关技术事宜进行说明，并主持抽签工作。

二、抽签

（一）抽签方式包括电脑抽签和人工抽签 2 种；

（二）抽签的方法和顺序应由技术代表决定；

（三）技术代表或其指定人员代替未出席技术会议的参赛队进行抽签；

（四）抽签结果由技术代表签字确认，确认后不得变更。

（注释 1）

根据中国跆协排名，一部分运动员为种子选手，相关细则参见中国跆协排名规则。

（注释 2）

技术会议上所公布的内容以及决定的事项必须符合本规则的规定，和竞赛规则具有同等法律效力。

第九条 称重

一、称重方式

（一）按级别于比赛日的前 1 天进行称重；

（二）所有级别于第一个比赛日前 1 天进行称重。

二、称重时间和地点由赛事组委会决定。称重必须在 2 小时内完成。如称重不合格，在 1 小时内有 1 次补称机会。

三、称重时，男运动员着内裤，女运动员着内裤、胸罩。如运动员要求，允许裸体称重。

四、赛事组委会应提供试称用的体重秤（误差不得超过 0.01 公斤），放置于运动员驻地或训练场馆。

五、运动员须持有效参赛证件参加称重，否则按称重不合格计。

六、监督与确认

（一）称重的各个环节须由裁判员和赛事组委会指定的工作人员共同执行。如有必要，可由参赛队代表进行监督；

（二）称重结果须经技术代表或有关技术官员签字确认，确认后不得更改。

（解释 1）

比赛当日的参赛选手：比赛当日的参赛选手是指按赛事组委会或中国跆协排定的比赛日程，在预定日期进行比赛的参赛选手；

比赛前一天：称重时间由赛事组委会确定并在技术会议上通知参赛队，称重时间不超过 2 小时。

（解释 2）

女子称重地点应与男子分开，并由女性技术官员负责进行。

（解释 3）

正式称重不合格：如果运动员正式称重不合格，不能获得基础分。

（解释 4）

试称用的体重秤必须与正式的体重秤型号相同，并具有相同的精确度，在赛前由赛事组委会核对无误。

第十条 比赛程序

一、检录

比赛开始前 30 分钟，检录处开始检录，呼叫该场参赛运动员名

字 3 次，运动员在规定时间持有效参赛证件到检录区进行身份确认，领取护具，等候赛前检查。

二、检查

检录后，运动员必须接受包括至少 1 名裁判员在内的赛事组委会指定人员对其进行身体、服装、护具及用品的检查。检查合格后，在指定区域等候点名入场。

（注释 1）

运动员、教练员及队医不得携带任何可能造成伤害的物品进入比赛场地；运动员不得有任何不服从检查的态度或行为。

（注释 2）

除非有赛事组委会医生的证明，运动员不得使用任何脚部包裹物。

三、点名

入场前 3 分钟开始点名，每分钟点名 1 次，共点名 3 次。如比赛开始后 1 分钟仍未到场者，按弃权论。

四、入场

点名后，运动员和 1 名教练员进入比赛场地指定位置，并允许 1 名队医同时入场。

五、比赛开始和结束

（一）每场比赛开始前，主裁判员给出“青”（Chung），“红”（Hong）的口令，示意双方运动员左臂紧夹头盔进入比赛区；如果在主裁判员发出“Chung、Hong”口令示意运动员进场时，有一方参赛运动员没有出现，或者仍在教练员区域没有做好比赛准备，包括佩戴所有保护装备、穿戴道服等，该名运动员将被视为退出比赛，主裁判员应宣布对方获胜；

（二）双方运动员相向站立，听到主裁判员发出“立正”（Cha-ryeot）和“敬礼”（Kyeong-rye）的口令时互相敬礼。敬礼时自然站立，腰

部前屈不小于 30 度，头部前屈不小于 45 度。鞠躬完毕后，运动员戴上头盔；

（三）主裁判员发出“准备”（Joon-bi）和“开始”（Shi-jak）口令开始比赛；

（四）每局比赛由主裁判员发出“开始”（Shi-jak）口令即开始，主裁判员发出“停”（Keu-man）口令结束。即使主裁判员没有发出“停”（Keu-man）的口令，比赛仍将按照规定的时间结束；

（五）最后 1 局比赛结束后，运动员相向站在各自指定位置脱下头盔并用左臂夹紧。主裁判员发出“立正”（Cha-ryeot）、“敬礼”（Kyeong-rye）口令时相互敬礼，在主裁判员宣判比赛结果后退场。

六、团体赛程序

（一）两个参赛队的所有运动员在指定位置相向站立，按边界线方向顺序排列；

（二）比赛开始前和结束后的程序按第十条第 5 款规定进行；

（三）双方运动员需到比赛场外指定位置等候上场；

（四）比赛全部结束后，双方运动员进场相向列队站立；

（五）主裁判员宣判比赛结果后，双方运动员退场。

（注释 1）

比赛使用电子护具的情况下，主裁判员应检查电子护具系统和双方运动员佩戴的感应脚套是否能正常使用。

第十一条 允许使用的技术、允许攻击的部位

一、允许使用的技术

（一）拳的技术：紧握拳头并使用正拳进行正面攻击的技术；

（二）脚的技术：使用踝关节以下脚的部位进行攻击的技术。

（解释 1）

正拳：跆拳道传统技术中，“正拳”（Pa-run-ju-mok）就是使用紧握的拳头正面、迅速、有力地直线攻击对方躯干正面的技术。

（解释 2）

脚的技术：使用踝关节以下脚的部位所进行的攻击技术是合法的技术，使用踝关节以上腿的部位，如小腿、膝关节等所进行的任何攻击是被禁止使用的行为。

二、允许攻击的部位

（一）躯干：允许使用拳和脚的技术攻击躯干部位被护胸包裹的部分，但禁止攻击后背脊柱；

（二）头部：锁骨以上的部位，只允许使用脚的技术攻击。

（解释 3）

被护胸包裹的部位是允许被攻击的合法部位。基于此，运动员比赛时须穿戴与其体重级别相对应的护胸。

（解释 4）

头部和躯干：锁骨以上的所有部位为头部；髋关节以上、锁骨以下的部位为躯干。

得分部位：头部和躯干。

第十二条 得分

一、使用允许的技术，准确、有力地击中得分部位时得分。

（解释 1）

“准确”：合法的攻击技术完全或最大限度地接触对方运动员允许被合法攻击的目标范围之内。

（解释 2）

“有力”：

1. 人工计分时：由边裁判员对击打力度进行判定；

2. 使用电子感应护具时：由电子感应护具中的电子感应器测量击打力度，根据体重级别、性别差异设定不同的力度标准。

二、得分部位

（一）躯干：护胸上蓝色或红色部分覆盖的躯干部位（见附图 4）；

（二）头部：锁骨以上的头颈部位（包括颈部、双耳和后脑在内的整个头部）。

得分部位：躯干。

三、分值

（一）击中躯干计 1 分；

（二）旋转踢技术击中躯干计 2 分；

（三）击中头部计 3 分，主裁判员读秒不追加分；

（四）旋转踢技术击中头部计 4 分；

（五）一方运动员每被判 2 次“警告”或 1 次“扣分”，另一方运动员得 1 分。

（执裁指导 1）

旋转踢技术击打头部的情况下，边裁判员应针对有效得分和有效技术给出得分；

（执裁指导 2）

——“继续”（Kye-sok）的执裁尺度：运动员被击倒时，主裁判员应及时发出“分开”的口令并检查该运动员的状态，然后读秒；

——“击倒”的尺度见本规则第 17 条。

四、比分为 3 局比赛得分的总和。

五、得分无效：运动员使用犯规行为得分时，所得分数视为无效。

（解释 3）

使用不合法的技术或犯规行为得分，该得分无效，这是一条基本原则。在此情况下，主裁判员必须通过手势示意减去无效得分并给予犯规的运动员相应判罚。

（执裁指导 3）

得分无效时，主裁判员应立即发出“暂停”口令，首先通过手势示意记录台减去得分，然后给予犯规的运动员相应处罚。

第十三条 计分和公布

一、得分应立即计分并公布。

（注释 1）

计分应遵循即时记分，也可称作“1 秒钟”原则，4 名边裁判员当中的 2 名以上在 1 秒钟之内对合法得分技术确认，即可以产生 1 个有效分。这是一条基本原则，无论采用什么计分方法，均必须遵守此原则。根据比赛的实际情况，也可采取 3 名边裁判员执裁，其中 2 名以上记分有效的方式。

（解释 1）

即时记分：意味着得分技术一出现应立即记分，延误一段时间之后再记分视为无效。

（解释 2）

立即记录并公布：边裁判员的计分应立即公布在记分牌上。

二、使用普通护具时由边裁判员使用电子记分器或计分表记录有效得分。

（解释 3）

使用普通护具时：

——所有有效得分（包括 1 分、2 分和 3 分），只能由边裁判员记录；

——所有记分必须由边裁判员独立判断，并通过电子仪器将得分即时显示在记分牌上予以公布。如果无法使用电子仪器，边裁判员必须立即将得分记录在记分表上，并在 1 局比赛后公布。

三、使用电子感应护具

（一）躯干部位的有效得分，由电子感应护具中的感应器自动计分；当运动员使用有效的旋转技术时，“有效分”将由电子护具感应器自动计分，“有效的旋转技术分”将由边裁判员做出判断，给出得分。

（二）头部的有效得分和拳的技术得分，由边裁判员用电子记分器或计分表即时记分。旋转踢技术击头，边裁判员应针对有效得分和有效技术给出得分。

（注释 2）

为提高竞技能力并确保公平的比赛结果，比赛中所使用的电子感应护具必须符合中国跆协所颁布的有关技术要求和标准。

四、无论比赛使用 4 名或 3 名边裁判员的情况，有效得分须由 2 名或 2 名以上边裁判员即时记分方为有效。

（执裁指导）

使用任何一种计分系统，边裁判员应遵守即时记分的原则，1 局比赛结束时再记分不符合本规则的规定，属于违反规则的行为。

五、在中国跆协主办的各类跆拳道比赛中，须使用中国跆协监制或认可的电子计分系统，包括电子记分器、电子记录台，电子显示屏等。

第十四条 犯规行为

一、比赛过程中所出现的犯规行为，由场上的主裁判员执行判罚。

二、判罚分为“警告”（Kyong-go）和“扣分”（Gam-jeom）。

三、2 次“警告”应给对方运动员加 1 分，最后 1 次奇数警告不计入总分。

四、1 次“扣分”应给对方运动员加 1 分。

五、犯规行为的判罚

（一）以下行为将被判罚“警告”

1．双脚越出边界线；

2．逃避或拖延比赛；

3．倒地；

4．抓、搂抱或推对方运动员；

5．攻击对方运动员腰以下部位；

6. 用膝部顶撞或攻击对方运动员；

7. 用拳攻击对方运动员头部；

8. 教练员或运动员有任何不良言行；

9. 提膝阻碍或逃避对方运动员的攻击。

（二）以下行为将被判罚“扣分”

1. 主裁判员发出“分开”（Kal-yeo）口令后攻击对方运动员；

2. 攻击已倒地的对方运动员；

3. 抓住对方运动员进攻的脚将其摔倒，或用手推倒对方运动员；

4. 故意用拳攻击对方运动员头部；

5. 教练员或运动员打断比赛进程；

6. 教练员或运动员使用过激言语、出现严重违反体育道德的行为；

7. 每局比赛开始前，主裁判员应该检查双方运动员的电子护具和感应脚套，观察运动员是否有任何操纵电子计分系统，增加感应脚套敏感性或者其他违规方式的企图。如发现故意违规操纵的行为，主裁判员保留给予该名违规运动员“扣分”判罚的权利，同时，根据运动员违规的严重程度，主裁判员也保留判罚该名违规运动员犯规败的权利。

六、运动员违背竞赛规则或故意不服从主裁判员时，主裁判员可计时 1 分钟后直接判其“失格败”。

七、运动员被判罚“警告”和“扣分”累计达 4 分时，主裁判员判其“犯规败”。

八、“警告”和“扣分”次数按 3 局比赛累计。

九、主裁判员中断比赛，下达“警告”或“扣分”口令时，比赛时间在主裁判员发出“暂停”（Shi-gan）口令的同时暂停，直到主裁判员发出“继续”（Kye-sok）口令，比赛继续进行。

（注释 1）

制定犯规条款，禁止犯规行为的目的和意义：

1. 保护运动员的安全；

2. 确保公平竞赛；

3. 鼓励运动员使用恰当的或完美的技术。

（解释1）

2个“警告”给对方运动员加1分，但是，最后奇数次“警告”不被计入最后得分。

无论犯规行为是否相同，也无论犯规行为出现在哪一局，被判罚2个“警告”均给对方运动员加1分。

（解释2）

运动员被判罚1次“警告”的犯规行为的种类及其在比赛中的表现是：

（1）双脚越出边界线

双脚越出边界线的垂直平面即被视为“出界”。此时，主裁判员将判给犯规运动员1次“警告”。当“出界”是因为对方运动员使用犯规行为造成时，不属于“出界”，主裁判员有权对犯规运动员进行判罚。

如果“出界”行为在时间上有先后之分，则先“出界”的运动员属于犯规，应被判罚1次“警告”。

（2）逃避或拖延比赛

运动员无意进攻而回避比赛，判罚将给予更加消极或持续后退的一方。若双方运动员均回避比赛，则同时给予双方运动员“警告”判罚。但主裁判员应区分故意回避和战略防守，以战略防守为目的的技术动作将不给予判罚。

主裁判员避免比赛处于消极状态的具体做法是：如果双方运动员在5秒钟后仍对峙不攻，处于消极状态，主裁判员可给出“进攻”的口令，出现下列情况时主裁判员将给予“警告”判罚：

1. 主裁判员发出“进攻”口令后，双方运动员仍然消极对峙，没有进攻动作的情况持续 10 秒；

2. 主裁判员发出“进攻”口令后，一方运动员从原来的位置向后退或者明显处于被动状态的情况持续 10 秒。转身逃避对方运动员的进攻违背了公平竞赛精神，并容易导致严重的伤害事故。同样，因逃避对方运动员的进攻而蜷伏或弯腰至腰部水平线以下，也属于“背逃”，将被给予“警告”判罚。

伪装受伤是对运动员在比赛过程中缺乏公平竞赛精神的行为予以判罚，包括为了表示对方运动员的动作是犯规行为而夸大受伤程度或假装身体某一部位因击打而疼痛，或为了拖延比赛时间而夸大受伤程度。在此情况下，主裁判员应对运动员发出 2 次继续比赛的命令，每 5 秒钟 1 次，如运动员仍不服从命令，则予以“警告”判罚。

为逃避或拖延比赛，运动员在比赛中示意主裁判员暂停比赛以整理护具，或示意其教练员申请录像审议，将被判罚“警告”。

（3）倒地

运动员倒地应立即予以“警告”判罚。如果一方运动员因对方运动员的犯规行为而倒地，不应予以判罚，而应判罚对方运动员；因对方运动员使用技术动作导致一方运动员意外倒地，主裁判员提示倒地的运动员“注意”（Joo-eui）（口头警告），如果此行为重复出现应予以判罚；因技术动作的连续变换造成而非故意倒地的运动员，或因失去重心滑倒的运动员可不予以“警告”判罚。

（4）抓、搂抱或推对方运动员

“抓”，包括用手抓住对方运动员的道服、护具或身体任何部位，或用前臂勾住对方运动员的脚或腿；“搂抱”，包括用手或手臂压住对方运动员的肩膀或夹住其腋窝，或用手臂搂抱对方运动员的躯干；“推”，包括用手掌、肘、肩、躯干或头等部位推开对方运动员，使其失去平衡以有利于自己攻击，或推开对方运动员以阻碍其正常使

用技术动作。当上述情况出现时，主裁判员将给予“警告”判罚。

（5）攻击对方运动员腰以下部位

主要指故意攻击对方运动员腰以下部位。为了阻碍对方运动员正常使用技术动作，而使用强有力的踢击或蹬踏动作攻击其大腿、膝关节或胫骨任何部位，应被判罚“警告”。若攻击腰以下部位的动作是因为承受者（被攻击者）自身造成或发生在技术动作转换过程中，不属于此条款规定的内容。

（6）用膝部顶撞或攻击对方运动员

主要指在近距离时故意用膝部顶撞或攻击对方运动员。但是，以下 2 种情况不在判罚之列：

——当使用合法的攻击技术时，对方运动员突然移动或前冲靠近；

——非故意的或因进攻距离不合适所造成的；

（7）用拳攻击对方运动员面部

“拳”的概念是指：包括用手（拳）、腕、小臂、肘关节等击打对方运动员头部。但是，由于对方运动员的不经意动作，比如过分低头或随意转身而引起的情况，不在判罚之列。

（8）教练员或运动员有任何不良言行

“不良行为”包括运动员或教练不符合体育运动精神或跆拳道精神的行为或态度。具体体现如下：

——任何妨碍比赛进程的行为；

——以不合法途径对裁判员的判决表示抗议或指责竞赛官员；

——用身体动作或行为动作侮辱对方运动员或教练员；

——教练员使用过激的言语和执教动作；

——任何与比赛无关或不受欢迎的行为，或超出比赛本身所能接受范围的行为。

此条款参考“扣分”判罚第 6 款可合并予以判罚。主裁判员根据情况对上述行为进行独立判罚。如在比赛间歇中出现不良行为，

主裁判员可立即予以判罚并记入下一局比赛的计分中。

比赛进行中，如果教练员离开 1 米 ×1 米的教练员规定区域，该名教练员将会被判罚“警告”。

（9）提膝超过腰部

提膝超过腰部故意格挡、阻碍、干扰对方 1 次进攻的行为，应被判罚“警告”。

（解释 3）

运动员被判罚 1 次“扣分”的犯规行为的种类及其在比赛中的表现是：

（1）主裁判员下达“分开”（Kal-yeo）口令后攻击对方运动员，此类行为十分危险，极有可能导致对方运动员受伤。原因是：

——主裁判员下达“暂停”口令后，对方运动员可能处于无防卫的状态；

——主裁判员下达“暂停”口令后，进攻运动员使用的任何技术的击打力度会增大。

此类攻击运动员的行为是违背跆拳道运动精神的。因此，在“暂停”后，无论击打力度大小，故意攻击对方运动员均应予以判罚。此外，在“暂停”后，如一方运动员假装要攻击对方运动员，也应予以“扣分”判罚。

（2）攻击已倒地的对方运动员此类行为十分危险，极有可能导致对方运动员受伤。原因是：

——倒地的运动员可能处于无防卫的状态；

——由于倒地运动员处于静止状态，位置相对固定，对其使用的任何技术的击打力度会增大。此类攻击倒地运动员的行为是违背跆拳道运动精神的，在跆拳道竞赛中是不适当的。

（3）抓住对方运动员进攻的脚将其摔倒，或用手推倒对方运动员。

为了阻碍对方运动员的进攻，用手抓住对方运动员进攻的脚或

用手推对方运动员使其倒地。

（4）故意用手攻击对方运动员头部，主裁判员根据自己的判断，给予下列行为“扣分”判罚：

——当拳攻击的起点位置高于肩膀；

——当拳攻击的方向向上；

——当攻击的目的是为了在近距离对对方运动员造成伤害，而非进攻技术的正常转换。

（5）教练员或运动员打断比赛进程

——教练员在比赛中离开指定位置而影响比赛，或故意离开比赛场地；

——教练员为妨碍比赛进程或对裁判员的判罚表示不满而在场地周围走动；

——教练员或运动员威胁裁判员或侵犯裁判员的权利；

——教练员或运动员以不合法的方式抗议并打断比赛进程。（注释2）此条款规定的内容将不用于处理教练员申请“录像审议”的情况。

（6）教练员或运动员使用过激言语或做出违反体育道德行为。参照判罚“警告”行为的第10款。

（解释4）

主裁判员宣判运动员“失格败”。当运动员或者教练员无视或违反跆拳道竞赛基本准则、跆拳道竞赛规则和纪律以及主裁判员的指令，主裁判员可以不考虑“警告”或者“扣分”的累计情况，直接判其负。特别是当运动员不顾主裁判员的规劝，意图伤害或者对主裁判员进行明显的侵害时，应立即宣判该名运动员“失格败”。

第十五条 加时赛和优势判定

3局比赛结束后比分相等，加赛1局，时间为2分钟，由“突然死亡”或“优势判定”确定胜负。比赛前3局的得分和警告判罚全部清零，

第 4 局比赛的结果为比赛的最终结果。

一、“突然死亡”

（一）任何一方运动员先得分，则比赛结束，先得分者获胜；

（二）因犯规造成对方运动员得 1 分，则比赛结束，得分者获胜。

二、“优势判定”

（一）加时赛结束时，双方运动员均未得分，进行“优势判定”；

（二）该场比赛裁判员填写“优势判定卡”，按少数服从多数原则进行判定；

（三）“优势判定”的依据是加时赛中运动员表现出的主动性。

（解释 1）

如因技术原因记分牌显示双方运动员均得分，按得分时间判断，先得分者获胜。

（解释 2）

“优势判定”以运动员在加时赛中表现出的主动性为判定依据：主动攻击的程度、使用技术动作的次数、使用难度技术动作的次数、比赛态度。

（执裁指导）

优势判定程序：

1. 比赛前裁判员携带“优势判定卡”；

2. 若比赛进入优势判定程序，主裁判员给出“优势记录”（Woo-se-girok）的口令；

3. 主裁判员给出口令后，边裁判员在 10 秒钟内填写好“优势判定卡”并签名递交给主裁判员；

4. 主裁判员收集所有“优势判定卡”并进行统计，依据多数原则判出比赛最后结果，并宣判获胜方；

5. 宣判获胜方后，主裁判员把“优势判定卡”交给记录台，再由记录台转交给技术代表存档备查。

第十六条 获胜方式

裁判员等技术官员依据本规则对比赛胜负进行判定。获胜方式包括以下 6 种：

一、击倒胜（KO 胜）

二、主裁判员终止比赛胜（RSC 胜）

三、比分胜（PTF 胜）

四、分差胜（PTG 胜）

五、优势判定胜（SUP 胜）

六、弃权胜（WDR 胜）

七、失去资格胜（DSQ 胜）

八、主裁判员判罚犯规胜（PUN 胜）

（解释 1）

技术官员包括:竞赛监督委员、技术代表、仲裁委员和裁判员等。

（解释 2）

击倒胜：当一方运动员被合法技术击倒，读秒至“8”时仍不能示意可以继续比赛，主裁判员继续读秒至“10”后，停止比赛，另一方运动员获胜。

（解释 3）

双方运动员在比赛第二局结束时或者第三局进行中，比分差距为 12 分时，主裁判员应停止比赛，宣布比赛结果。

（解释 4）

主裁判员终止比赛胜：如果主裁判员或者赛事组委会医生确定运动员无法继续比赛，即使 1 分钟恢复期已过，或者该名运动员不顾主裁判员命令仍想继续比赛，主裁判员应宣布比赛停止，另一方运动员获胜。

（解释 5）

弃权胜：

1. 一方运动员在比赛中因受伤或其他原因弃权，另一方运动员获胜。参赛运动员不得在比赛中无故弃权；

2. 一方运动员在休息时间到后不继续比赛或不服从命令开始比赛，另一方运动员获胜；

3. 教练员向比赛场地扔毛巾示意自己的运动员弃权，另一方运动员获胜。

（解释 6）

失去资格胜：一方运动员称重不合格或比赛前失去运动员身份，另一方运动员获胜。根据失去资格原因不同，处理方式如下：

1. 运动员没有通过或者没有参加抽签后的称重：抽签表上将会反映运动员称重失格，并通报所有技术官员和相关人员。该场比赛将不选派裁判员，对方运动员不用上场比赛。

2. 运动员通过称重但是检录未到：选派裁判员和对方运动员应等待在场上指定位置，直到主裁判员宣布对方运动员获胜。

（解释 7）

主裁判员判罚犯规胜：当一方运动员得到“警告”和“扣分”累计 4 分时，或者当本规则第 14 条第 6 款规定的情况出现时，另一方运动员获胜。

第十七条 击倒

运动员在比赛中受到合法的强有力攻击后，出现以下三种情况之一，判定为“击倒”：

——除双脚以外的身体任何部位触地；

——身体摇晃，丧失继续比赛的意识和能力；

——主裁判员判定被攻击的运动员不能继续比赛。

（解释）

击倒：击倒分为“站立式击倒”和“击倒”两种情况。运动员

受击打倒地，或身体摇晃，或不能胜任比赛的要求，可被视为“击倒”。此外，运动员受击打后，继续比赛将有危险或运动员的安全不能保障，也可被视为“击倒”。

第十八条“击倒”后的处理程序

一、运动员被“击倒”时，主裁判员将采取以下处理程序：

（一）主裁判员立即发出“分开”（Kal-yeo）口令暂停比赛，并将进攻运动员置于远处；

（二）主裁判员大声从“1”到“10”向被击倒的运动员读秒，每间隔 1 秒读 1 次，并用手势在其面前提示时间；

（三）即使被击倒的运动员在读秒过程中示意可以继续比赛，主裁判员也必须读到“8”，使其获得休息，并确认是否恢复，如已恢复就发出（Kye-sok）“继续”口令继续比赛；

（四）主裁判员读到“8”时，被击倒的运动员仍无法示意可以继续比赛，则读秒至“10”后宣判另一方运动员“击倒胜”；

（五）即使 1 局或整场比赛时间结束，主裁判员也要继续读秒；

（六）如果双方运动员同时被击倒，有任何一方尚未恢复，主裁判员将继续读秒；

（七）读秒到“10”后双方运动员均不能恢复，应按“击倒”前的比分判定胜负；

（八）主裁判员判定一方运动员不能继续比赛，可以不读秒或在读秒过程中宣判另一方运动员获胜。

二、比赛结束后的处理

运动员无论身体任何部位严重受伤无法继续进行比赛，该名运动员 30 天内不能参加比赛，除非由代表单位指定的医生证明并经赛事组委会医务组认定，由代表单位有资格的领队或者教练担保。

（解释 1）

首先将进攻者置于远处：在此情况下，进攻方运动员应回到开

始比赛时自己所处的位置，但是，如果被击倒的运动员就在进攻方运动员比赛开始时所处的位置上或附近，进攻方运动员应在其教练席前的警戒线处等待。

（执裁指导 1）

主裁判员在执裁过程中应始终保持一种警觉状态，随时准备处理突然出现的“击倒”情况或其他危险状况。一旦出现此类情况，主裁判员应毫不犹豫地发出“分开”（Kal-yeo）口令。

（解释 2）

如果被击倒的运动员在读秒过程中站立起来并示意可以继续比赛，主裁判员也须继续读秒，并通过检查、读秒等办法迅速判断该名运动员的状态。

读秒的根本目的是为了保护运动员，即使运动员在主裁判员读秒至“8”以前示意可以继续比赛，主裁判员仍应继续读秒至“8”，才能继续比赛。读秒至“8”是强制性的，主裁判员不能随意更改。

如果在读秒的过程中发现被击倒的运动员情况危险，需要紧急治疗，主裁判员应一边读秒一边给出召唤医生的手势，让医生马上进行治疗。除非医生认为情况危急需要立即进行抢救，否则主裁判员的读秒程序应当继续进行。

读　秒“1－10”：Ha-nal，Duhl，Seht，Neht，Da-seot，Yeo-seot，Il-gop，Yeo-dul，A-hop，Yeol。

（解释 3）

主裁判员必须在读秒至“8”之前就能判断出运动员是否恢复。读秒后必须确认运动员的状态是否恢复，此程序必须执行。主裁判员确认运动员已经恢复，就发出“继续”（Kye-sok）口令继续比赛。主裁判员在继续比赛之前不允许无谓地延误时间。

（解释 4）

主裁判员读秒至“8”时，被击倒的运动员仍无法示意可以继续

比赛，则读秒至“10”后宣判另一方运动员“击倒胜”。确定“已恢复”的程序为：运动员以实战姿势、紧握双拳数次和主裁判员进行有效的目光交流，示意可以继续比赛。如果运动员在主裁判员读秒至“8”时，仍不能用此程序表示“已恢复”，主裁判员应立即再读秒至“9”“10”后宣判另一方运动员“击倒胜”。读秒至“8”后，运动员再示意可以继续比赛应视为无效。如果主裁判员判定被击倒的运动员已不能继续比赛，即使该名运动员在主裁判员读秒至“8”时示意可以继续比赛，主裁判员可以继续读秒至“10”，随后宣布比赛结束，另一方运动员“击倒胜”。

（解释 5）

主裁判员判定一方运动员不能继续比赛是指：当运动员受到明显强烈的击打倒地并处于危险状态时，主裁判员可中断读秒或在读秒的同时要求急救。

（执裁执导 2）

——主裁判员在读秒过程中应当立即判断运动员的状态，不允许在读秒至“8”后，花费额外的时间去确认运动员是否恢复；

——当运动员在主裁判员读秒至“8”以前已明显恢复，并示意可以继续比赛，主裁判员也确定运动员状态可以继续比赛，但该名运动员由于需要进行治疗而不能马上继续比赛，主裁判员发出口令的步骤为：“分开”（Kal-yeo）、“计时”（Shi-gan），然后转入本规则第十九条的程序。

第十九条 比赛中断的处理程序

一、因一方或双方运动员在比赛过程中受伤而使比赛中断，主裁判员采取以下处理程序：

（一）主裁判员发出“分开”（Kal-yeo）口令，如判断属于因伤比赛中断情况则发出“计时”（Kye-shi）口令，记录台同时开始计时 1 分钟；

（二）允许运动员在 1 分钟内接受治疗；

（三）运动员即使只受轻伤，但 1 分钟后仍不示意可以继续比赛，主裁判员判其负；

（四）因“扣分”行为造成一方运动员受伤，1 分钟后不能恢复比赛，主裁判员判犯规者负；

（五）双方运动员同时受伤，1 分钟后均不能继续进行比赛时，按受伤前双方得分判定胜负；

（六）主裁判员判定一方运动员严重受伤，明显神志不清或处于危险状态时，应立即中断比赛，安排急救。如果伤害事故是由“扣分”行为造成的，判犯规者负；如果攻击动作不是“扣分”行为，判不能比赛者负。

二、如果发生除上述程序以外、合理的需要中断比赛的情况，主裁判员先发出“分开”（Kal-yeo）口令，再发出“暂停”（Shi-gan）口令中断比赛。继续比赛则发出“继续”（Kye-sok）口令。

（解释 1）

主裁判员判定运动员由于受伤或其他任何紧急情况不能继续比赛，可按以下方式处理：

1. 如果一方运动员处于失去知觉或严重受伤等紧急状态，应立即实施急救并结束比赛。此种情况下，比赛结果将按以下方式判定：

（1）由“扣分”行为造成的，判犯规者负；

（2）由合法技术动作或意外的、不可避免的接触造成的，判不能比赛者负；

（3）由于比赛无关原因造成的，按比赛中断前的得分判定胜负。如果中断比赛发生在第一局比赛结束前，该场比赛无效。

2. 运动员受伤程度不严重，在主裁判员给出“计时”（Kye-shi）口令之后可有 1 分钟时间接受必要的治疗。

（1）主裁判员判断有必要对受伤运动员进行治疗时，可由赛事

组委会医生进行治疗，如有必要，随队医生可以协助治疗；

（2）受伤的运动员能否继续比赛由主裁判员判定，在 1 分钟治疗时间内，主裁判员可在听取赛事组委会医生意见后，随时给出口令继续比赛，不服从命令继续比赛者将被判负；

（3）受伤的运动员接受治疗或恢复过程中，在“计时”至 40 秒时，主裁判员每隔 5 秒钟用受伤运动员可以听到的口令提示时间，运动员在 1 分钟结束时不能回到指定位置继续比赛，主裁判员必须宣判比赛结果；

（4）主裁判员发出“计时”口令后，无论赛事组委会医生是否参与治疗，1 分钟的计时须严格执行。但是，当运动员需要治疗而医生缺席或运动员需要进一步治疗时，主裁判员可以适当延长 1 分钟的计时限制；

（5）如 1 分钟后不能继续比赛，比赛结果将根据本条款解释 1 判定。

3. 如双方运动员受伤，1 分钟后均不能继续比赛，或出现紧急情况，比赛结果将按以下方式判定：

（1）如因一方运动员的“扣分”行为造成，则判犯规者负；

（2）如不属于“扣分”行为，比赛结果将按中断比赛时的比分判定。但是，如比赛中断发生在第一局比赛结束之前，则该场比赛无效，赛事组委会将安排在合适的时间重新比赛。如一方运动员在重新比赛时仍不能参赛，则被视为弃权；

（3）如因双方运动员的“扣分”行为引起，则判双败。（解释 2）因上述条款内容以外的原因造成比赛中断，将按以下方法处理：

1. 因不可控制的情况需要中断比赛，主裁判员将中断比赛并服从赛事组委会的指示；

2. 如果第二局比赛结束后比赛中断，且比赛不能继续进行，根据比赛中断之前的比分判定胜负；

3．如果第二局比赛结束前比赛中断，原则上将安排重新比赛，并进行全部3局的比赛。

第二十条 技术官员

一、赛风赛纪督察组

（一）资格：各类跆拳道竞赛可根据需要设立赛风赛纪督察组，由若干具有行政管理、跆拳道竞赛和裁判专业背景的资深人士组成；

（二）职责：

1．监督和检查各项竞赛及赛风赛纪工作；

2．依据《跆拳道竞赛纪律处罚办法》等文件对违背有关规定和体育道德的当事人、运动队进行处罚。

二、技术代表

（一）资格：中国跆协主办的全国性比赛，技术代表由中国跆协技术委员会推荐，中国跆协秘书长任命；

（二）职责：全面指导、监督竞赛和裁判工作，同时履行竞赛监督委员的职责。技术代表在与竞赛监督委员会进行磋商后，有权利对比赛和所有技术事宜做出最终裁决。如出现竞赛规则中没有描述的问题，技术代表有最终决定权。如有必要，技术代表可以在比赛中要求主裁判员召集会议等形式处理问题。

三、竞赛监督委员会

（一）资格：具备丰富的跆拳道竞赛经验和裁判知识的资深人士；

（二）组成：各类跆拳道竞赛须设立竞赛监督委员会，由若干委员组成并行使职责；

（三）职责：协助技术代表处理竞赛事宜和技术问题，并确保竞赛的顺利进行；受理、审议、裁决运动队的申诉；对审议委员和裁判员的表现进行评估；在比赛中处理竞赛管理和处罚问题。

四、审议委员

（一）资格：国际级裁判员或资深的国家级裁判员；

（二）组成：每块比赛场地设1名审议委员和1名审议委员助理；

审议委员与场上运动员属同一单位或有连带关系时须回避；

（三）职责：应在1分钟内对即时录像进行审议，并告知主裁判员审议结果。

五、裁判员

（一）资格：

1. 在中国跆协登记注册有效，同时属于中国跆协个人会员，持有中国跆协或世跆联颁发的有效裁判员资格证书者；

2. 参加由中国跆协定期组织举办的裁判员培训班并通过考核者；

3. 裁判员须穿着中国跆协指定的裁判员服装，禁止携带妨碍比赛的物品。

（二）配备与岗位设置：

1. 使用普通护具时，一般须设1名主裁判员和4名边裁判员；

2. 使用电子感应护具时，一般须设1名主裁判员和3名边裁判员；

3. 主裁判员或边裁判员与场上运动员属同一单位或有连带关系时，须回避。

（注释1）

中国跆协举办的裁判员培训班是指各类目的在于提高裁判员业务水平的学习班。

（注释2）

中国跆协所属团体会员单位举办各级各类跆拳道裁判员学习班，必须经过中国跆协批准认可。

（注释3）

边裁判员的配备可以根据比赛的实际情况进行人数上的调整。但1名主裁判员和边裁判员多数判定的基本原则不能更改。

（三）职责：

1. 主裁判员

——依据本规则的规定，掌握和控制整场比赛，确保比赛安全、公正、精彩；

——比赛过程中根据场上情况即时发出“开始”（Shi-jak）、“分开”

（Kal-yeo）、“暂停”（Shi-gan）、“继续”（Kye-sok）、“计时”（Kye-shi）、“扣分”（Gam-jeom）、“警告”（Kyong-go）、“结束”（Ke-man）等口令，并判定胜负；

——依据本规则独立行使判决权利；

——原则上主裁判员不参与计分，但是，如果比赛中 1 名以上的边裁判员举手提示有得分未被计分或计分错误，主裁判员将召集边裁判员进行合议。

——在 1 名主裁判员和 3 名边裁判员的情况下，如果临场有至少 2 名边裁判员要求更改判决，主裁判员须接受，并更正判决；

——在 1 名主裁判员和 4 名边裁判员的情况下，如果 4 名边裁判员的意见为 2 ：2 ，主裁判员有权利决定是否得分；

——加时赛结束时双方运动员均未得分，由主裁判员召集场上边裁判员按照本规则第十五条第 2 款判定胜负。

2. 边裁判员

——即时记分；

——对“优势判定”进行独立评判；

——如实回答主裁判员的问询；

——及时提醒主裁判员对比赛中出现的明显计分错误进行合议。

（四）判定责任：裁判员的判罚对竞赛监督委员会负责；不通过竞赛监督委员会的仲裁，比赛结果不能变更。

（注释 4）

赛风赛纪督察组、竞赛监督委员会发现裁判员不能胜任执裁工作，没有公正执裁或出现无理由的错误时，可通过技术代表更换裁判员。

（执裁指导）

在 1 次合法技术击头或旋转技术击中有效得分部位的情况下，如果因为边裁判员记分不一致，使得该次得分未被计分时，任何 1 名临场裁判员应立即提议进行合议。主裁判员下达“暂停”（Shi-gan）口令中断比赛，召集边裁判员合议，由主裁判员公布合议结果。如

果场上 1 名教练员提出录像审议申请和边裁判员要求合议的是同一问题，主裁判员应先召集合议。如果合议更改判罚，该名教练员应坐下并收回审议申请。如果该名教练仍然站立要求录像审议，主裁判员应接受教练员的申请。本条款也适用于以下情况：主裁判员读秒出错,边裁判员应在主裁判员数到“3”或者“4”时提出不同意见。

六、记录员

记录员负责比赛暂停、休息计时；按照主裁判员的指令记录并公布加、减分；记录比赛结果和获胜方式；公布分数和犯规判罚。

七、医生

赛事组委会医生应在运动员受伤时对其进行及时治疗、抢救；协助主裁判员对运动员的“伪装受伤”“击倒”等情况进行及时判断；协助裁判员对运动员进行赛前检查。

第二十一条 录像审议

录像审议：

一、比赛中教练员对裁判员的判罚或记分有异议，可向主裁判员申请进行“录像审议”；

二、当教练员提出申请时，主裁判员应询问其申请内容，可以申请“录像审议”的范围仅限于裁判员运用竞赛规则错误和计分、判罚错误；使用电子护具的比赛中，由电子护具感应器识别的得分不在审议范围内；教练员应在一个技术动作发生后 5 秒钟内对该次动作提出审议申请；教练员一旦举起审议牌，就可被视为使用了该次审议配额；

三、主裁判员应要求审议委员审议即时录像回放内容，审议须遵循回避原则；

四、录像审议完毕后，审议委员应告知主裁判员判决结果，审议过程应在 1 分钟内完成；

五、每 1 场比赛中，每名运动员有 1 次录像审议申请配额。审议成功且相关判罚或记分被更正，将继续保留配额；

六、1 次赛事中，每名运动员的录像审议申请配额不受限制。

但是，如果审议失败超过一定次数，将失去继续审议的资格。根据各次赛事规模和水平，技术代表从 1 次和 3 次间决定具体配额数量；

七、审议委员的判决是最终判决，在比赛中和比赛后不接受进一步的申诉；

八、在运动员身份识别错误、比赛结果判定错误或计分系统有明显错误的情况下，任何边裁判员都可以在比赛中要求合议，并更正判决。一旦裁判员离开比赛场地，任何合议或更改判决的要求将不被接受；

九、如果审议成功，相关判罚或记分被更正，竞赛监督委员会将在当天比赛结束后，对该场比赛进行调查。如有必要，对相关裁判员进行处罚。

（解释 1）

为最大限度减少跆拳道竞赛中的错判、误判和漏判，维护跆拳道竞赛的公平与公正，制定“录像审议”条款，并根据竞赛工作的实际情况组织实施。

（解释 2）

录像审议的过程无须向公众公布，由审议委员独立完成。

（解释 3）

教练员针对双方运动员的判罚和记分均可申请“录像审议”；如果双方教练员同时申请“录像审议”，主裁判员将同时受理。

（解释 4）

在任何情况下，教练员一旦举起红 / 蓝审议牌申请录像审议，将被视为使用该次配额。每局比赛结束之后，教练员提请审议将不被接受，只有进行第 4 局加时赛时，该局比赛结束之后的审议申请才可以被接受。

（执裁指导）

“录像审议”的程序：

1. 在比赛双方教练员席放置教练员申请“录像审议”时使用的“青”“红”申请牌，失去“录像审议”资格的不放置；

2. 比赛中，青（红）方教练员举青（红）牌向主裁判员示意，申请“录像审议”；

3. 主裁判员暂停比赛，走近教练员询问审议内容并收取审议牌，回到场地中央并面向记录台，举青（红）牌并发出“青（红）方录像审议”的口令；

4. 主裁判员告知审议委员审议内容后，审议组进行录像审议。技术代表及竞赛监督委员会代表可监督审议；

5. 审议委员对比赛录像进行审议后，得出审议结果。审议委员填写录像审议记录单，审议委员、技术代表在记录单上签字后审议结果方可生效；

6. 审议结束后由审议委员告知主裁判员审议结果，主裁判员执行审议结果后继续比赛（如申请审议方获得成功，主裁判员将申请牌交还该教练员）。

十、在无法使用录像审议的赛事中，比赛将采用下述申诉程序：

参赛运动队如对裁判员的判罚有不同意见，须在该场比赛结束后 10 分钟内，由参赛队代表向竞赛监督委员会提交申诉书，并交纳申诉费 2000 元。由竞赛监督委员会对申诉内容进行审查，根据本规则做出“受理”或“不受理”的决定。

（一）审议与裁决

1. 审议时，与申诉方同单位的竞赛监督委员应回避；

2. 必要时，可质询临场执裁的裁判员，查询比赛记录表、仲裁录像等物质证据；

3. 由参加审议的竞赛监督委员以无记名投票方式进行裁决，半数以上委员的决定为最终判定。竞赛监督委员会须在受理申诉后 15 分钟内做出裁决并形成书面报告公之于众；

4. 竞赛监督委员会的裁决结果为该场比赛的最终判定。

（二）赛风赛纪督察组有权对审议裁决的全过程进行监督；

（三）中国跆协依据本规则制定《跆拳道竞赛仲裁条例》，由竞赛监督委员会执行。

（注释 1）

审议与裁决的基本依据：

如果比赛结果判定错误，或出现比分计算错误，或对青红方运动员身份识别错误，将更改原判决；

仲裁委员会认定裁判员在执行规则时出现明显错误，可以更改原判决，并依据有关规定处罚相关裁判员。

（注释 2）

裁决结果与比赛结果一致或者出现平局时，则维持原判；与比赛结果不一致时，则更改原判决。

第二十二条 处罚

一、赛风赛纪督察组将依据《跆拳道纪律处罚条例》对比赛中出现以下情况的教练员、运动员和裁判员进行处罚：

（一）干扰或搅乱竞赛组织，打断比赛进程；

（二）侮辱观众、散播谣言等不道德言语行为。

二、赛风赛纪督察组将受处罚人员的决定立即公之于众，并上报中国跆协。

三、赛风赛纪督察组进行事件调查过程，可找相关人员取证。

第二十三条 本规则未明文规定的情况

出现本规则未明文规定的情况，按以下办法处理：

一、与比赛相关的事宜，根据该场比赛临场裁判员的一致意见决定。

二、与比赛无关的事宜，由比赛技术代表处理决定。

三、赛事组委会在各场地安排录像设备，对比赛过程进行记录和保存以备查。

图书在版编目（CIP）数据

跆拳道 / 李震编著. -- 长春：吉林文史出版社,
2014.7（2023.6重印）
ISBN 978-7-5472-2232-4

Ⅰ. ①跆… Ⅱ. ①李… Ⅲ. ①跆拳道－基本知识
Ⅳ. ①G886.9

中国版本图书馆CIP数据核字(2014)第133989号

跆拳道
TAIQUANDAO

出 版 人　张　强
主　　编　周殿学　周洪生
编　　著　李　震
责任编辑　王　新
封面设计　袁　野
出版发行　吉林文史出版社
地　　址　长春市福祉大路5788号
网　　址　www.jlws.com.cn
开　　本　720mm×1000mm　1/16
印　　张　12
字　　数　100千
印　　刷　天津市天玺印务有限公司
版　　次　2015年5月第1版　2023年6月第4次印刷
书　　号　ISBN 978-7-5472-2232-4
定　　价　59.80元